Eckhard Klieme · Detlev Leutner · Joachim Wirth (Hrsg.)

Problemlösekompetenz von Schülerinnen und Schülern

Eckhard Klieme · Detlev Leutner
Joachim Wirth (Hrsg.)

Problemlösekompetenz von Schülerinnen und Schülern

Diagnostische Ansätze, theoretische
Grundlagen und empirische Befunde
der deutschen PISA-2000-Studie

VS VERLAG FÜR SOZIALWISSENSCHAFTEN

Bibliografische Information Der Deutschen Bibliothek
Die Deutsche Bibliothek verzeichnet diese Publikation in der Deutschen Nationalbibliografie;
detaillierte bibliografische Daten sind im Internet über <http://dnb.ddb.de> abrufbar.

1. Auflage September 2005

Alle Rechte vorbehalten
© VS Verlag für Sozialwissenschaften/GWV Fachverlage GmbH, Wiesbaden 2005

Lektorat: Stefanie Laux

Der VS Verlag für Sozialwissenschaften ist ein Unternehmen von Springer Science+Business Media.
www.vs-verlag.de

Umschlaggestaltung: KünkelLopka Medienentwicklung, Heidelberg
Druck und buchbinderische Verarbeitung: MercedesDruck, Berlin
Gedruckt auf säurefreiem und chlorfrei gebleichtem Papier
Printed in Germany

ISBN 3-531-14736-6

Inhalt

Eckhard Klieme, Detlev Leutner und Joachim Wirth

Einleitung

Die PISA-Studie des Jahres 2000 ist vom nationalen PISA-Konsortium durch drei umfassende Berichte (Baumert u.a., 2001, 2002, 2003), eine größere Zahl von Zeitschriftenpublikationen und schließlich durch ergänzende „thematische Berichte" dokumentiert worden. Hiermit legt das deutsche PISA-Konsortium nun den fünften und vorletzten dieser thematischen Berichte vor.

Im Unterschied zu seinen Vorgängern enthält dieser thematische Bericht keine Detailauswertungen und analytischen Ergänzungen zu Leistungsbereichen und Bedingungsfaktoren schulischen Lernens, die schon in den ersten drei Bänden in groben Zügen dargestellt wurden. Mit diesem Buch werden hingegen erstmals Daten zu einem Kompetenzbereich vorgestellt, der in bisherigen Veröffentlichungen zu PISA 2000 noch gar nicht bzw. nur in konzeptionellen Vorarbeiten und Vorstudien (Klieme, Artelt, & Stanat, 2001; Klieme u.a., 2001; Wirth & Klieme, 2003) behandelt wurde: dem fächerübergreifenden Problemlösen. Zudem zielt dieser thematische Bericht nicht primär auf das Beschreiben von Leistungsniveaus und Leistungsunterschieden von Schülerinnen und Schülern. Vielmehr wird der Entwicklungs- und Evaluationsprozess, dessen Ziel es war, Messinstrumente für die Erfassung von Leistungen im Bereich des fächerübergreifenden Problemlösens zur Verfügung zu stellen, samt seinen Ergebnissen dargestellt.

Der Initiative des Leiters der deutschen PISA-2000-Studie, Jürgen Baumert, ist es zu verdanken, dass in die nationalen Ergänzungen, die zusätzlich zum internationalen Teil der Studie an einem zweiten PISA-Testtag realisiert wurden, neben erweiterten Fragebögen und zusätzlichen Testaufgaben für Lesen, mathematische und naturwissenschaftliche Grundbildung auch Tests zum fächerübergreifenden Problemlösen eingingen. Die Ergänzung durch einen Problemlösetest entsprach der Grundidee von PISA, zentrale *life skills* zu erfassen, die für die Bewältigung schulischer, aber auch lebensweltlicher und beruflicher Anforderungen relevant sind, wie sie auf Jugendliche am Ende der Pflichtschulzeit zukommen.

Die OECD selbst hatte in Machbarkeitsstudien untersuchen lassen, inwieweit neben der Literalität, das heißt dem kompetenten Umgang mit kulturellen Werkzeugen (Texten, mathematischen Modellen und naturwissenschaftlichen Konzepten), auch *cross-curricular competencies* geprüft werden könnten (OECD, 1995; Rychen & Salganik, 2001).

In Deutschland kam die in der Fachöffentlichkeit heftig geführte Debatte um „Schlüsselqualifikationen" hinzu, bei der es letztlich darum ging, grundlegende Kompetenzen zu identifizieren und messbar zu machen, durch die man unterschiedlichste akademische und berufliche Anforderungssituationen bewältigen kann. „Problemlösen" rangierte unter den Leistungsbereichen, denen eine solche Schlüsselfunktion zugesprochen wurde, mit an erster Stelle (Didi u.a., 1995).

Problemlösendes Denken und Handeln ist zwar seit Jahrzehnten ein zentrales Thema psychologischer Forschung (vgl. Funke, 2003), aber diese Forschung fand überwiegend im Labor statt und verwendete spezielle experimentelle Aufgaben, von Denksportaufgaben bis zur Steuerung hoch komplexer Computersimulationen. Relativ unklar war, ob sich Problemlösekompetenz als Disposition definieren und über Tests erfassen lässt, zumal fächerübergreifend oder *cross-curricular,* also unabhängig von konkreten Gegenstands- und Erfahrungsbereichen. Der amerikanische Psychologe Richard E. Mayer hatte 1994 (S. 4730) Kriterien für *problem-solving tests* formuliert, aber noch keine bewährten Messinstrumente nennen können. Problemlösetests sollten demnach

(1) den Bearbeiter mit neuartigen *(non-routine)* Problemen konfrontieren, die ihm abverlangen, eine neuartige Lösung zu generieren;

(2) realistische Aufgabenstellungen beinhalten, die anspruchsvolle Denkoperationen *(higher-level problem solving)* sowie eine Integration unterschiedlicher Fähigkeiten erfordern;

(3) kognitive Prozesse und Strategien fokussieren und nicht die Produkte des Problemlöseprozesses;

(4) auch Aufgaben einschließen, die sich in Abhängigkeit von den Reaktionen des Bearbeiters verändern *(dynamic assessment),* wie beispielsweise praktische Aufgaben oder interaktive videogestützte Systeme.

Das deutsche PISA-Konsortium setzte eine Expertengruppe ein, der Wissenschaftler angehörten, die in unterschiedlichen Teilbereichen der Psychologie, zumeist in pädagogischen Kontexten, zum Thema Problemlösen gearbeitet hatten. Unter Leitung von Eckhard Klieme (damals Max-Planck-Institut für Bildungsforschung [MPIB], jetzt DIPF/Frankfurt a.M.) wirkten Joachim Funke (Universität Heidelberg), Detlev Leutner (damals Universität Erfurt, jetzt Universität Duisburg-Essen) und Peter Reimann (damals Universität Freiburg, jetzt University of Sydney) mit, später auch Peter French (Humboldt-Universität zu Berlin) sowie Joachim Wirth (damals MPIB, jetzt Universität Duisburg-Essen).

Die Expertengruppe trat mit dem Ziel an zu prüfen, inwieweit durch Adaptation experimenteller Paradigmen der psychologischen Problemlöseforschung und/oder auf der Basis psychodiagnostischer Entwicklungen Problemlösetests für eine Schulleistungsstudie wie PISA erstellt werden können. Entsprechend der Empfehlung von Mayer (1994) sollten prozessbezogene, dynamische – am besten computersimulierte – Aufgaben verwendet werden, aber auch schriftliche Aufgaben ohne Routinecharakter, die so weit wie möglich den Kriterien Komplexität *(higher level),* Authentizität und Integration verschiedener Teilfähigkeiten entsprechen. Der letztgenannte Typus des Problemlösens wurde in Abgrenzung vom „dynamischen" Problemlösen „analytisches" Problemlösen genannt (vgl. Kap. 1).

Die Expertengruppe teilte von Anfang an nicht den Glauben vieler Pädagogen an die „Existenz" einer allgemeinen, fächer- und situationsübergreifenden Problemlösekompetenz, die es nur noch durch kreative Testaufgaben zu identifizieren gelte. Vielmehr stellte sie sich die Aufgabe, im Zusammenhang mit der konkreten Testentwicklung für PISA Fragen der Grundlagenforschung zu beantworten:

(1) Lassen sich die beiden Aspekte von Problemlösekompetenz durch praktikable und auch psychometrisch hinreichend geeignete Instrumente messen und somit als Leistungsdimensionen (im Sinne der Testtheorie) darstellen?

(2) Konvergieren analytische und dynamische Aspekte der Problemlösekompetenz, ohne jedoch als identisch angesehen werden zu müssen? (Dies ist die Frage nach der konvergenten Validität von Messinstrumenten, die theoretisch ähnliche Konstrukte erfassen.)

(3) Lässt sich fächerübergreifendes Problemlösen von Intelligenz und von fachlichen Kompetenzen empirisch abgrenzen? (Dies ist die Frage nach der diskriminanten Validität von Messinstrumenten, die theoretisch unterschiedliche Konstrukte erfassen.)

(4) Gehen interindividuelle Unterschiede der Problemlösekompetenz zwischen Schülerinnen und Schülern eher zu Lasten persönlicher (kognitiver und sozioökonomischer) oder eher zu Lasten schulischer Faktoren?

Testentwicklung und Forschungsfragen wurden in zwei „Runden" bearbeitet: Die PISA-Felderprobung im Jahr 1999 wurde für eine umfassende Validierungsstudie genutzt, die insgesamt acht Problemlöseinstrumente einbezog. Zur Erprobung der computergestützten Verfahren wurden etwa 450 Schülerinnen und Schüler eigens an einem weiteren, dem dritten Testtag untersucht. Diese Validierungsstudie wird hier in Kapitel 2 zusammenfassend dargestellt. In die PISA-Haupterhebung 2000 gingen dann ein Test zum analytischen Problemlösen und – wiederum an einem dritten Testtag in einer Teilstichprobe von etwa 800 Schülerinnen und Schülern – ein computergestütztes Verfahren ein. Beide werden in den Kapiteln 3 und 4 vorgestellt. Ergänzend wurde unter Mitarbeit von Wisenschaftlerinnen am MPIB ein Verfahren zum Problemlösen in Kleingruppen eingesetzt, über das Kapitel 7 berichtet.

Mit der Entwicklung und Erprobung der Testverfahren ist die erste Forschungsfrage im positiven Sinne beantwortet. Auch die Fragestellungen (2) bis (4) lassen sich mit den Daten der beiden Untersuchungsrunden beantworten; dies ist Thema der Kapitel 5 und 6.

Mittlerweile sind die Arbeiten zur Messung von Problemlösekompetenzen in internationalen Leistungsstudien vorangegangen. Unter anderem wurde bei PISA 2003 auf internationaler Ebene ein Test zu *cross-curricular problem-solving competence* eingesetzt, in den Erfahrungen aus Deutschland maßgeblich einflossen. Autoren des vorliegenden Bandes waren daran – teils auf nationaler Ebene, im Rahmen des deutschen PISA-2003-Konsortiums, teils auf internationaler Ebene – beteiligt (vgl. Dossey u.a., 204; Leutner u.a., 2004).

Die Herausgeber sind sich sicher, mit dem nun vorliegenden Bericht über PISA 2000 zur aktuellen Diskussion beitragen zu können. Die Ergebnisse zeigen, dass Problemlösetests auf der Basis psychologischer Forschung entwickelt und erfolgreich in *large-scale assessments* implementiert werden können. Sie zeigen aber auch, dass Problemlösekompetenz ein mehrdimensionales Konstrukt ist. Analytisches Problemlösen besitzt große Nähe zur Lesekompetenz im Sinne von PISA, während das Konzept des dynamischen Problemlösens als vielversprechendes Beispiel für die technologiebasierte Diagnostik von Kompetenzen gelten kann (vgl. Klieme, Leutner, & Hartig, in prep.).

Die Herausgeber danken den Kolleginnen und Kollegen, die zur Entwicklung der Problemlösekomponente bei PISA 2000 beigetragen haben, allen voran der Projektleitung und Mitarbeiterinnen und Mitarbeitern am Max-Planck-Institut für Bildungsforschung – Jürgen Baumert, Cordula Artelt, Mareike Kunter, Gundel Schümer und Petra Stanat – sowie den Mitgliedern der Expertengruppe und ihren Mitarbeiterinnen und Mitarbeitern Katja Karrer, Thomas Schmitt, Martina Schröter, Simone Steinberg, Sebastian Töpfer und Stefan Wagener. Johannes Hartig, wissenschaftlicher Mitarbeiter am DIPF, hat durch seine Mitarbeit an diesem Band dazu beigetragen, dass die Arbeit der Expertengruppe nun abgeschlossen werden kann. Rainer Lehmann, Ingrid Steinbach und Judith Ebach danken wir für die Bereitschaft, Projektaufgaben aus LAU für PISA bereitzustellen. Ray Adams, Marilyn Binkley, Beno Csapo, John Dossey, Richard E. Mayer, Harold O'Neil, Jean-Paul Reeff, Hans Martin Süß, Stella Vosniadou, Margret Wu, Kentaro Yamamoto und viele andere Kollegen haben uns auf wissenschaftlichen Tagungen und in internationalen Projekten wichtige Anregungen zur Messung von Problemlösekompetenzen gegeben. Der Konferenz der Kultusminister gebührt Dank für das Wagnis, auch ein solches innovatives und vergleichsweise risikoreiches Vorhaben in PISA gefördert zu haben.

Frankfurt a.M. und Essen, im Mai 2005
Eckhard Klieme
Detlev Leutner
Joachim Wirth

Detlev Leutner, Joachim Funke, Eckhard Klieme und Joachim Wirth

1 Problemlösefähigkeit als fächerübergreifende Kompetenz

1.1 Einleitung: Fächerübergreifende Kompetenzen als Gegenstand von PISA

Ziel des *Programme for International Student Assessment* (PISA) ist es, die Kompetenzen der Schülerinnen und Schüler am Ende der Pflichtschulzeit festzustellen, die in vielen OECD-Staaten im Alter von 15 Jahren erreicht wird. Dabei geht es zunächst um *Basiskompetenzen*, deren primäre Förderung sich einzelnen Schulfächern zuordnen lässt: Lesekompetenz *(Reading Literacy)*, mathematische Grundbildung *(Mathematical Literacy)* und naturwissenschaftliche Grundbildung *(Science Literacy)*. Diese Kompetenzen werden in allen drei PISA-Zyklen mit unterschiedlichen Schwerpunkten erfasst – 2000 mit Schwerpunkt im Lesen, 2003 mit Schwerpunkt in der Mathematik, 2006 mit Schwerpunkt in den Naturwissenschaften –, und über die diesbezüglichen Ergebnisse der 2000er und 2003er Studien wurde ausführlich berichtet (z.B. Baumert u.a., 2001; Prenzel u.a., 2004a).

Bei PISA werden aber nicht nur fachbezogene, sondern darüber hinaus auch *fächerübergreifende Kompetenzen* erfasst. Dabei handelt es sich um Kompetenzen, deren Förderung nicht unmittelbar einem einzelnen Schulfach zugeordnet werden kann. Jeder der drei PISA-Zyklen beschränkt sich im internationalen Vergleich auf die Erfassung jeweils einer fächerübergreifenden Kompetenz: 2000 wurde selbstreguliertes Lernen getestet, 2003 stand Problemlösen im Mittelpunkt, und 2006 wird es um informationstechnische Grundbildung gehen. Über die 2000er Ergebnisse zum selbstregulierten Lernen wurde ausführlich berichtet (Artelt, Demmrich, & Baumert, 2001; Artelt u.a., 2003), und zur 2003 erfassten Problemlösekompetenz liegen ebenfalls erste Ergebnisse vor (Leutner u.a., 2004).

International wurde Problemlösen in der PISA-2000-Studie noch nicht als fächerübergreifende Kompetenz thematisiert, wohl aber im Rahmen einer nationalen Ergänzung zum internationalen Testprogramm in Deutschland. Im Rahmen dieser nationalen Ergänzung wurden zunächst spezifische Aufgabentypen entwickelt und 1999 in einem Feldtest erprobt, bevor sie dann in einer Teilstichprobe 2000 beim Haupttest zum

Einsatz kamen. Die auf diese Weise in Deutschland gemachten Erfahrungen bei der Erfassung von Problemlösekompetenz hatten dann maßgeblichen Einfluss auf die Entwicklung des in der PISA-2003-Studie international eingesetzten Testmaterials (vgl. Klieme, 2004; Leutner u.a., 2004; OECD, 2003).

1.2 Der Kompetenzbegriff bei PISA

Wenn bei PISA von „Kompetenz" die Rede ist, dann soll dies – ähnlich wie bei der Unterscheidung von Kompetenz und Performanz in der Sprachwissenschaft – deutlich machen, dass es bei PISA nicht allein um die Erfassung von Schulleistung („Performanz") geht (Prenzel u.a., 2004b). Vielmehr werden die Schülerinnen und Schüler im PISA-Test mit möglichst realitätsnahen Aufgaben konfrontiert, die dazu herausfordern, lösungsrelevantes Schulwissen zunächst ausfindig zu machen, um es anschließend zielführend und flexibel anzuwenden. Es geht bei der Kompetenz also um das Fähigkeitspotenzial der Schülerinnen und Schüler, das aus den Antworten auf die Testfragen zu einem bestimmten Teilgebiet (d.h. aus der Testleistung oder Performanz) erschlossen wird. Bei den drei Hauptmessbereichen von PISA (Lesen, Mathematik, Naturwissenschaften) ist das zur Lösung der Testaufgaben erforderliche schulische Wissen vergleichsweise eindeutig einem einzelnen Fach zuzuordnen, sodass es hier gerechtfertigt erscheint, von *fachlichen* Kompetenzen zu reden. Beim Problemlösen sind die Testaufgaben dagegen nicht eindeutig einem einzelnen Fach zuzuordnen, sodass Problemlösekompetenz eine *fächerübergreifende* Kompetenz darstellt.

Damit entspricht der bei PISA verwendete kognitive Kompetenzbegriff einer Konzeption, wie sie von Weinert (1999) aus einer Übersicht über sozialwissenschaftliche Kompetenzbegriffe herausdestilliert worden ist und bei Klieme u.a. (2001) als Arbeitsdefinition vorgeschlagen wird. „Kompetenzen sind Systeme aus spezifischen, prinzipiell erlernbaren Fertigkeiten, Kenntnissen und metakognitivem Wissen, die es erlauben, eine Klasse von Anforderungen in bestimmten Alltags-, Schul- und Arbeitsumgebungen zu bewältigen." (S. 182) Damit weitgehend übereinstimmend bezieht sich der im ersten PISA-Berichtsband verwendete Kompetenzbegriff auf „prinzipiell erlernbare, mehr oder minder bereichsspezifische Kenntnisse, Fertigkeiten und Strategien" (Baumert, Stanat, & Demmrich, 2001, S. 22).

Festzuhalten ist, dass allgemeine intellektuelle Fähigkeiten und verallgemeinerte motivationale Orientierungen nicht unter diesen kognitiven Kompetenzbegriff fallen, wohl aber die individuell erforderliche Bereitschaft, sich den in der Arbeitsdefinition von Klieme u.a. (2001) genannten Anforderungen zu stellen. Festzuhalten ist auch, dass die bei PISA thematisierten fächerübergreifenden Kompetenzen eine begriffliche Nähe zum bildungstheoretischen Konzept der „Schlüsselqualifikationen" (Mertens, 1970) aufweisen, indem sie als „übergeordnete Bildungselemente" oder „situationsübergreifend transferierbare Qualifikationen" aufgefasst werden können. Und nicht zuletzt entspricht die Abgrenzung zu vollständig situationsunabhängig konzipierten Wissens- und Fähigkeitskonstrukten Banduras funktional und bereichsspezifisch konzipiertem Kompetenzbegriff (Bandura, 1990; vgl. auch Klieme, Artelt, & Stanat, 2001).

1.3 Problemlösen als Konzept und Forschungsgegenstand der kognitiven Psychologie

Problemlösen hat in der kognitiven Psychologie als Forschungsgegenstand eine sehr lange Tradition, angefangen bei der deutschen Denkpsychologie des beginnenden bis hin zum komplexen Problemlösen des ausgehenden 20. Jahrhunderts (Überblicke bei Frensch & Funke, 1995; Funke, 2003). Definieren lässt sich Problemlösen als „zielorientiertes Denken und Handeln in Situationen, fur deren Bewältigung keine routinierten Vorgehensweisen verfügbar sind" (Klieme u.a., 2001, S. 185; vgl. auch Klieme, 2004; Mayer & Wittrock, 1996). Dabei geht es darum, „Lücken in einem Handlungsplan zu füllen, der nicht routinemäßig eingesetzt werden kann. Dazu wird eine gedankliche Repräsentation erstellt, die den Weg vom Ausgangs- zum Zielzustand überbrückt." (Funke, 2003, S. 25) Manche Autoren wie zum Beispiel Dörner (1976) verwenden das Bild einer „Barriere" zwischen Anfangs- und Zielzustand, die gedanklich zu überwinden ist. In dem Ausmaß, in dem die Barriere Zug um Zug niedriger wird und letztendlich ganz verschwindet, wenn ein bestimmtes Problem wiederholt bearbeitet wird und sich Routine bei der Lösung einstellt, wird das Problem zu einer leicht zu bewältigenden Aufgabe.

Problemlösen aus Sicht der kognitiven Psychologie grenzt sich deutlich ab von alltagssprachlichen Vorstellungen von Problemlösen als Klärung emotionaler und sozialer Konfliktsituationen. Zwar spielen beim Problemlösen sowohl motivationale (z.B. Vollmeyer & Rheinberg, 1998) als auch soziale (z.B. Kunter, Stanat, & Klieme, in diesem Band) Prozesse häufig eine bedeutende Rolle, der Fokus einer kognitionspsychologischen Betrachtung liegt aber auf den Denkprozessen, die zum Verstehen einer gegebenen Problemsituation führen und eine erfolgreiche Bearbeitung gewährleisten. Schon von Polya (1945) wurden klassische Schritte solcherart problemlösenden Denkens beschrieben: Eine Problemstellung sowie relevante Informationen und Bedingungen für eine angemessene Lösung sind zu erkennen, alternative Lösungswege sind zu suchen, ein bestimmter Lösungsweg ist auszuwählen und anzuwenden, die Lösung ist zu reflektieren und zu überprüfen, und das Ergebnis ist dann abschließend mitzuteilen (vgl. auch Leutner u.a., 2004).

Diese kognitionspsychologische Perspektive wird im Folgenden vertieft und in den Kapiteln 2 bis 5 anhand der Instrumente und Daten aus PISA 2000 empirisch umgesetzt. Kapitel 6 wird die gemessene Problemlösekompetenz in das Bedingungsgefüge aus psychosozialen und schulischen Merkmalen einordnen. Kapitel 7 schließlich weitet den Blick auf soziale Prozesse beim kooperativen Problemlösen in Kleingruppen. Auch hierzu wurden im nationalen Ergänzungstest bei PISA 2000 eigens entwickelte Aufgaben eingesetzt.

1.4   Problemlösen als Konzept und Forschungsgegenstand der differenziellen Psychologie

In der Psychologie des Problemlösens, wie in der kognitiven Psychologie generell, wird nach *allgemeinpsychologischen* Gesetzmäßigkeiten gesucht, die geeignet sind, menschliches Verhalten und Erleben beim Lösen von Problemen zu beschreiben, zu erklären und vorherzusagen. Entsprechend dominieren experimentalpsychologische Forschungszugänge, bei denen man sich bemüht, interindividuelle Unterschiede zwischen Versuchsteilnehmern zum Beispiel dadurch auszugleichen, dass man sie zufällig auf die zu untersuchenden Versuchsbedingungen verteilt.

Bei Assessment-Studien wie PISA sind es aber die Unterschiede zwischen Personen, die interessieren und möglichst zuverlässig und gültig zu erfassen sind, was die Domäne einer *differentialpsychologischen* Betrachtungsweise ist. So liegt es nahe anzunehmen, dass Personen sich auch im Hinblick auf ihre Fähigkeit und Fertigkeit, Probleme zu lösen, also bezüglich ihrer Problemlösekompetenz, unterscheiden – ansonsten wäre es müßig, Problemlösekompetenz bei PISA überhaupt zu thematisieren. Dabei liegt es nahe, Problemlösekompetenz mit Intelligenz gleichzusetzen oder zumindest eine enge Beziehung zwischen beiden Konstrukten zu sehen. Doch schon ein kurzer Blick auf die Aufgabenstellungen, die in typischen Intelligenztests zu bearbeiten sind, und ein Vergleich mit den Aufgabenstellungen, wie sie in klassischen Untersuchungen der Problemlösepsychologie zum Einsatz kommen, machen deutlich, dass es keine einfache Beziehung zwischen Intelligenz und Problemlösekompetenz geben dürfte. Typische Aufgaben zur Erfassung des Kernbereichs der Intelligenz, bei denen es um „schlussfolgerndes Denken", „Reasoning" oder „Verarbeitungskapazität" geht (vgl. Klieme, 2004; Klieme u.a., 2001; Süß, 1996), erfordern zum Beispiel das Erkennen von Gesetzmäßigkeiten in Zahlen- oder Figurenfolgen (z.B. 1, 2, 4, 7, 11, ...?) oder analoges Schließen (z.B. „Gras" verhält sich zu „grün" wie „Himmel" zu ...?). Die zu testenden Personen haben zahlreiche und unterschiedlich schwierige Aufgaben dieser Art zu bearbeiten, und ihr Wert auf der Intelligenzskala ergibt sich als eine Funktion der Anzahl richtig gelöster Aufgaben. Eine typische Aufgabenstellung der Problemlösepsychologie dagegen ist zum Beispiel das „Bestrahlungsproblem", wie es von Duncker (1935/1975) verwendet wurde: „Gesucht wird ein Verfahren, um einen Menschen von einer inoperablen Magengeschwulst zu befreien mithilfe von Strahlen, die bei genügender Intensität organisches Gewebe zerstören – unter Vermeidung einer Mitzerstörung der umliegenden gesunden Körperpartien." (S. 1; zit. nach Funke, 2003, S. 50) Eine andere typische Aufgabenstellung, wie sie zum Beispiel von Dörner (1989) verwendet wurde, besteht darin, die Rolle eines Bürgermeisters einzunehmen und – wie bei einem herkömmlichen Planspiel (vgl. Leutner, 1989) – die Geschicke einer computersimulierten Stadt zu steuern. Derartige Aufgabenstellungen, wie sie in der Problemlösepsychologie verwendet werden, sind deutlich komplexer als Intelligenztestaufgaben. Außerdem ist zu ihrer erfolgreichen Bearbeitung ein Mindestmaß an bereichsspezifischem Wissen erforderlich. Hinzu kommen komplexere metakognitiv-strategische Kompetenzen der Planung und Überwachung der eigenen Vorgehensweise. Andererseits ist aber nicht zu übersehen, dass zumindest teilweise Überlappungen in den Anforderungen beider Aufgabentypen bestehen. Entsprechend kann angenommen werden, dass Intelligenz eine Komponente von Problemlösekompetenz ist, die – je nach Art der Problemstellung – beim Zustandekommen einer angemessenen Problemlösung in individuell unterschiedlichem Ausmaß zum Tragen kommt.

Angesichts der deutlichen Unterschiede und zumindest partiellen Gemeinsamkeiten typischer Intelligenztestaufgaben und klassischer Problemlöseaufgaben erstaunt nicht, dass die Befundlage bezüglich der Korrelation zwischen Intelligenz und Problemlösekompetenz uneinheitlich ist. So machte zum Beispiel Dörner über viele Jahre hinweg (seit Dörner & Kreuzig, 1983) vehement darauf aufmerksam, dass der Problemlöseerfolg in komplexen computersimulierten Planspielen – wenn überhaupt – nur sehr schwach mit Intelligenz korreliert, wie sie mit traditionellen Intelligenztests gemessen wird: Es sind längst nicht die hoch intelligenten Personen, die zum Beispiel in der computersimulierten Stadt „Lohhausen" als erfolgreiche Bürgermeister in Erscheinung treten. Diese Thematik wurde in der Folge sehr kontrovers diskutiert (vgl. Kröner, 2001; Süß, 1999) und führte zu einer Fülle empirischer Studien mit sehr unterschiedlichen Ergebnissen: Mal korrelierten die beiden Konstrukte, mal nicht; mal stieg, mal sank die Korrelation, wenn bestimmte Eigenschaften der Problemstellung (z.B. Komplexität, Intransparenz o.Ä.) experimentell reduziert oder erhöht wurden.

Für die uneinheitlichen Forschungsergebnisse zur Rolle der Intelligenz beim Problemlösen lässt sich eine recht einfache Erklärung aufzeigen, die auf Arbeiten von Elshout (1987) und Raaheim (1988) zurückführbar ist und dementsprechend als Elshout-Raaheim-Hypothese bezeichnet werden kann (Leutner, 2002): Intelligenz kommt beim Problemlösen immer genau dann ins Spiel, wenn auf Seiten des Problemlösers ein mittleres Ausmaß an Wissen – nicht zu wenig, aber auch nicht zu viel – vorhanden ist, das zur Lösung eines bestimmten Problems genutzt werden kann. In solch einem Fall korrelieren Intelligenz und Problemlöseerfolg maximal. Ist das nutzbare Wissen sehr gering, hilft auch keine Intelligenz, und ist es sehr hoch, ist Intelligenz nicht mehr erforderlich, da das Problem zu einer einfach zu bewältigenden Aufgabe geworden ist. Diese Hypothese eines umgekehrt u-förmigen Verlaufs der Korrelation zwischen Intelligenz und Problemlöseerfolg mit zunehmendem lösungsrelevantem Wissen konnte in experimentellen Arbeiten bestätigt werden (Leutner, 2002). Die Ergebnisse weisen darauf hin, dass es beim Problemlösen in nicht unerheblichem Ausmaß um die intelligente Anwendung von Wissen geht. Letztendlich erscheint es vor diesem Hintergrund sogar lohnenswert auszuloten, inwieweit komplexere Problemstellungen so gestaltet werden können, dass sie sich zur Intelligenzmessung eignen. Arbeiten von Kröner (2001) zeigen erste ermutigende Ergebnisse.

Die Frage nach dem Zusammenhang von Intelligenz und Problemlösekompetenz lässt sich aber auch umkehren, wenn man Intelligenz anders konzeptualisiert. Bei den bisherigen Überlegungen stand die mit herkömmlichen Intelligenztests erfasste Intelligenz im Fokus der Aufmerksamkeit, und es gibt gute, empirisch gestützte Argumente, die auf diese Weise operationalisierte Intelligenz als Komponente von Problemlösekompetenz zu betrachten. Anders sieht es aus, wenn man Intelligenz – wie in der gegenwärtigen amerikanischen Diskussion – deutlich weiter fasst. So vertreten zum Beispiel Sternberg und Kaufman (1998) ein Konzept von Intelligenz, bei dem Problemlösekompetenz eher als Komponente von Intelligenz in Erscheinung tritt bzw. Intelligenz nahezu gleichzusetzen ist mit Problemlösekompetenz. Sie unterscheiden (vgl. Klieme u.a., 2001) drei Komponenten der Intelligenz: (a) analytische Fähigkeiten wie zum Beispiel „identifying the existence of a problem, defining the nature of a problem, setting up a strategy for solving the problem, and monitoring one's solution process", (b) kreative Fähigkeiten, „required to generate problem-solving options", und (c) praktische Fähigkeiten, die benötigt werden, um Problemlösungen in realen Kontexten anzuwenden. Diese Konzeption von Intelligenz entspricht weitgehend dem, was bei PISA unter Problemlösekompetenz verstanden wird und sich in der Beschreibung der beim Problemlösen erforderlichen kognitiven Prozesse wieder findet.

Neben der Frage nach der Abgrenzung von Intelligenz und Problemlösekompetenz interessiert – insbesondere auch vor dem Hintergrund der Elshout-Raaheim-Hypothese – die Frage danach, inwieweit sich fächerübergreifende Problemlösekompetenz überhaupt von fachbezogenen Kompetenzen abgrenzen lässt. Rein definitorisch dürfte dies unschwer möglich sein, wenn man Problemlösekompetenz bei PISA über solche Testaufgaben definiert, bei denen „die zur Lösung nutzbaren Wissensbereiche nicht einem einzelnen Fachgebiet der Mathematik, der Naturwissenschaften oder des Lesens entstammen" (OECD, 2003, S. 156; zit. nach Leutner u.a., 2004, S. 148). Andererseits stellen aber auch die bei PISA verwendeten Lese-, Mathematik- und Naturwissenschaftsaufgaben fachliche Anforderungen, die sich – je nach fachlichem Wissensstand – dem Schüler oder der Schülerin als Problem darstellen und die Nutzung solcher universell einsetzbarer Problemlösestrategien erforderlich machen, die in gleicher Weise auch bei der Bearbeitung fächerübergreifender Problemstellungen zum Einsatz kommen. Insofern ist es aus psychologischer Sicht eine offene Frage, ob sich Problemlösekompetenz empirisch hinreichend gut abgrenzen lässt, und zwar einerseits von Intelligenz und andererseits von fachlicher Kompetenz.

1.5 Analytische und dynamische Aspekte des Problemlösens

Die bei PISA zu Grunde gelegte Definition von Problemlösekompetenz als „Fähigkeit einer Person, kognitive Prozesse zu nutzen, um sich mit solchen realen, fachübergreifenden Problemstellungen auseinanderzusetzen und sie zu lösen, bei denen der Lösungsweg nicht unmittelbar erkennbar ist und die zur Lösung nutzbaren Wissensbereiche nicht einem einzelnen Fachgebiet der Mathematik, der Naturwissenschaften oder des Lesens entstammen" (OECD, 2003, S. 156; zit. nach Leutner u.a., 2004, S. 148), lässt offen, von welcher Art die einzusetzenden Problemstellungen sein sollen. Es wird lediglich gefordert, dass sie real bzw. zumindest realitätsnah sind und dass der Lösungsweg und die nutzbaren Wissensbereiche nicht offensichtlich sind (genau dies definiert ein Problem, und zwar ein fächerübergreifendes Problem). Schaut man in die Problemlösepsychologie, dann findet man eine Vielzahl von Ansätzen, Probleme und Problemstellungen unterschiedlichster Art zu klassifizieren (vgl. Funke, 2003). Das derzeit wohl umfassendste Klassifikationssystem, das anhand einer kognitiven Aufgabenanalyse einer sehr großen Anzahl („mehrere hundert") von in verschiedenen Kontexten auffindbaren Aufgaben- und Problemstellungen entstanden ist, wurde von Jonassen (2000) vorgeschlagen.

Für den gegenwärtigen Zweck reicht es aus, im Sinne von Klieme u.a. (2001), Klieme (2004) sowie Wirth und Klieme (2003) analytische und dynamische Aspekte des Problemlösens zu unterscheiden und damit zwei Problemtypen zu differenzieren, bei denen das zur Lösung eines Problems erforderliche Wissen aus sehr verschiedenen Quellen geschöpft wird (vgl. auch Leutner u.a., 2004):

- Beim *analytischen* Problemlösen werden die Ausgangslage und die sich daraus ergebende Problemstellung, oft unter Nutzung von Graphiken und Abbildungen, verbal beschrieben, und sowohl die Ausgangslage wie auch die Problemstellung verändern sich in der Regel nicht im Verlauf des Problemlöseprozesses. Alle relevanten Informationen sind von Beginn an entweder explizit gegeben oder können durch schlussfolgerndes Denken abgeleitet werden. Die Hauptanforderung besteht demgemäß in der Analyse gegebener und daraus erschließbarer Informationen sowie im Entwickeln einer Lösung. Dabei ist unter anderem zu klären, was das Problem letztendlich zum Problem macht und welches Wissen für die Lösung des Problems herangezogen werden kann. Wissen ist somit Input des Problemlöseprozesses, und Problemlösen besteht – zumindest zu einem wesentlichen Teil – in der geschickten Anwendung von Wissen. Beispiele für Probleme dieses Typs gibt es zuhauf, zum Beispiel die klassischen Problemstellungen der Problemlösepsychologie wie das von Duncker (1935/ 1975) verwendete Bestrahlungsproblem, aber auch zahlreiche Aufgabenstellungen, wie sie typischerweise in Schule und Unterricht verwendet werden oder aber auch als so genannte „Denksportaufgaben" außerhalb von Schule und Unterricht beliebt sind. Charakteristisch für analytisches Problemlösen ist, dass die Ausgangsituation und das Ziel wohldefiniert sind. Sowohl das Entwickeln einer Lösung als auch ihre Bewertung erfolgen auf der Basis von Informationen, die entweder von Beginn an vorgegeben sind oder aus den gegebenen Informationen erschlossen werden können.

- Beim *dynamischen* Problemlösen dagegen sind nicht alle zur Lösung erforderlichen Informationen vorgegeben, und sie lassen sich auch nicht vollständig schlussfolgernd ableiten. Stattdessen muss der Problemlöser in die Problemsituation eingreifen, die daraus resultierenden Situationsveränderungen beobachten und aus den Beobachtungen Schlussfolgerungen ableiten. Auf diese Weise kann er Wissen über Eingriffe und ihre situationsändernden Effekte erwerben, das dann zusammen mit Vorwissen die Grundlage für das Entwickeln und Bewerten von Problemlösungen bildet. Im Vergleich zum analytischen Problemlösen ist Wissen damit nicht nur Input, sondern auch Output des Problemlösens. Typisches alltägliches Beispiel für eine solche Problemstellung ist ein neu erworbenes Mobiltelefon, dessen Funktionen man nutzen

möchte, ohne die Bedienungsanleitung studieren zu wollen, oder der Fahrkartenauto-
mat, an dem man eine Fahrkarte kurzfristig lösen muss, ohne eine Bedienungsanleitung studieren zu können. Derartige dynamische Problemsituationen sind häufig
durch Komplexität, also Vernetztheit, Intransparenz und auch Polytelie (vielfache, z.T.
konkurrierende Zielvorgaben) gekennzeichnet und – unter der Bezeichnung „Komplexes Problemlösen" – Gegenstand kognitionspsychologischer Forschung (vgl.
Dörner, 1989; Funke, 2003; Frensch & Funke, 1995).

Kompetenz auf dem Gebiet des analytischen Problemlösens lässt sich mit statischen
Papier-und-Bleistift-Tests erfassen. Zur Erfassung von Kompetenz auf dem Gebiet des
dynamischen Problemlösens sind jedoch zum Beispiel computersimulierte dynamische
Systeme erforderlich, wie sie in der Forschung zum komplexen Problemlösen üblich sind
(Klieme u.a., 2001; Kröner, 2001; Wirth, 2004; Wirth & Klieme, 2003). Eine noch zu klä-
rende Frage ist allerdings, ob sich die beiden Aspekte des Problemlösens nicht nur konzeptuell, sondern auch empirisch voneinander unterscheiden lassen und welche Rolle
sowohl Intelligenz als auch fachliches Wissen bei beiden Aspekten spielen.

1.6   Selbstregulation beim dynamischen Problemlösen

Dynamisches Problemlösen bezieht sich auf eine Situation, die ihren Zustand eigendyna-
misch und/oder als Reaktion auf die Handlungen des Problemlösers kontinuierlich verändert. Durch geschicktes Handeln und geschicktes Beobachten der Wirkungen des eigenen Handelns hat der Problemlöser die Möglichkeit, funktionales Wissen darüber zu erwerben, welche Variablen und Mechanismen die Situation beeinflussen und wie die
Situation so gestaltet werden kann, dass sie einen wünschenswerten Zielzustand annimmt. Letztendlich geht es nicht nur um die intelligente Anwendung, sondern vor allem
auch um den intelligenten Erwerb von Wissen. Erfolgreiches Problemlösen in einer derartigen dynamischen Problemsituation erfordert somit strategisches, selbstreguliertes
und feedback-gesteuertes Lernen oder *Learning by Doing* und damit eine Kompetenz, die
insbesondere auch außerhalb von Schule und institutionalisiertem Unterricht von ganz
besonderer Bedeutung ist.

   Untersuchungen von Kröner (2001) zum Beispiel zeigen, dass es nicht beliebig ist,
welche Strategien Problemlöser einsetzen, um herauszufinden, wie ein computersimuliertes dynamisches System funktioniert: Erfolgreiche Problemlöser unterscheiden sich
von weniger erfolgreichen Problemlösern dadurch, dass sie beim Explorieren des Systems nicht mehrere Parameter gleichzeitig verändern, sondern nach dem Prinzip der iso-
lierenden Bedingungsvariation vorgehen. Untersuchungen von Wirth (2004) zeigen
darüber hinaus, dass erfolgreiche Problemlöser bei der Exploration solcher Systeme neue
Informationen zunächst identifizieren, um sie dann möglichst schnell in die sich ent-
wickelnde Wissensstruktur zu integrieren, während weniger erfolgreiche Problemlöser
wenig selbstreguliert handeln und Informationen nur dann identifizieren und integrieren, wenn sie ihnen vom System dargeboten werden. Die Auswahl von Strategien des

Wissenserwerbs und die selbstgesteuerte Regulation des Strategieeinsatzes scheinen beim dynamischen Problemlösen eine besondere Rolle zu spielen, was möglicherweise ein konstituierendes Element von Problemlösekompetenz darstellt und bei der Erfassung von Problemlösekompetenz entsprechend nicht vernachlässigt werden sollte. Letztendlich ist dies aber eine Frage, die empirisch zu klären ist.

Festzuhalten ist aber, dass dynamische Problemstellungen in Form computersimulierter dynamischer Systeme mit der Option, Log-Files aufzuzeichnen und auszuwerten, gegenüber analytischen Problemstellungen in Papier-und-Bleistift-Form neue Möglichkeiten eröffnen, nicht nur die *Ergebnisse* von Problemlöse- unter Einschluss von Lernprozessen zu beobachten, sondern darüber hinaus auch ausgewählte Aspekte der Lern- und Problemlöse*prozesse* selbst mit zu untersuchen.

Detlev Leutner, Joachim Wirth, Eckhard Klieme und Joachim Funke

2 Ansätze zur Operationalisierung und deren Erprobung im Feldtest zu PISA 2000

2.1 Einleitung

In Kapitel 1 dieses Bandes wurde erläutert, was bei PISA unter fächerübergreifender Problemlösekompetenz verstanden wird. Darüber hinaus wurden zwei unterschiedliche Problemtypen beschrieben, bei denen das Wissen der Problemlöser verschiedene Rollen spielt und die sehr unterschiedliche Messansätze erforderlich machen: Die Kompetenz, *analytische* Probleme zu lösen, betrifft die intelligente Anwendung von Wissen und lässt sich mit Papier-und-Beistift-Verfahren erfassen. Die Kompetenz, *dynamische* Probleme zu lösen, betrifft dagegen – neben der intelligenten Anwendung von Wissen – auch den intelligenten und selbstreguliert-strategischen Erwerb von Wissen und macht zur Erfassung computergestützte Verfahren erforderlich.

Das deutsche PISA-Konsortium hat sich im Rahmen der PISA-2000-Studie die Aufgabe gestellt, beide Arten von Problemlösekompetenz zu operationalisieren, das heißt entsprechende Testaufgaben zu entwickeln und Skalen zur Messung von Problemlösekompetenzen zu etablieren. Im Vorgriff auf spätere Erhebungen im internationalen Kontext, die dann mit PISA 2003 teilweise realisiert werden konnten, sollte das nationale Testprogramm in diesem Sinne ergänzt werden. Auch wenn man dabei auf Erkenntnisse und Instrumente der Problemlöseforschung zurückgreifen konnte (siehe Kap. 1), stellte doch die Erhebung fächerübergreifender Problemlösekompetenzen innerhalb einer groß angelegten Schulleistungsstudie ein Novum dar. So galt es zunächst zu prüfen, ob sich in diesem Kontext praktikable und auch psychometrisch hinreichend geeignete Instrumente konstruieren lassen. Die Expertengruppe „Problemlösen" des deutschen PISA-Konsortiums[1] entschied sich, insgesamt sechs unterschiedliche Aufgabentypen zu erproben, von denen dann zwei in der Hauptstudie PISA 2000 eingesetzt werden sollten (dazu siehe Kap. 3 und 4). Die Erprobung fand im Rahmen des PISA-Feldtests im Jahr 1999 statt.

Schon mit der Erprobung wurde versucht, die psychologischen und erziehungswissenschaftlichen Fragestellungen des Gesamtprojekts in einer ersten, vorläufigen Weise zu beantworten:

(1) Lässt sich fächerübergreifendes Problemlösen von Intelligenz und von fachlichen Kompetenzen empirisch abgrenzen? Dies ist die Frage nach der diskriminanten Validität von Messinstrumenten, die theoretisch unterschiedliche Konstrukte erfassen.

(2) Konvergieren analytische und dynamische Aspekte der Problemlösekompetenz, ohne jedoch als identisch angesehen werden zu müssen? Dies ist die Frage nach der konvergenten Validität von Messinstrumenten, die theoretisch ähnliche Konstrukte erfassen.

(3) Gehen interindividuelle Unterschiede der Problemlösekompetenz zwischen Schülerinnen und Schülern eher zu Lasten persönlicher (kognitiver und sozioökonomischer) oder eher zu Lasten schulischer Faktoren?

Die verwendeten Operationalisierungsansätze sowie die Antworten auf die grundlegenden psychologischen Fragen (Fragen 1 und 2) sollen in diesem Kapitel vorgestellt werden. Für ergänzende Informationen sowie Ergebnisse zur dritten Fragestellung sei auf die ausführlichere Darstellung dieser Vorstudie bei Klieme u.a. (2001) verwiesen.

2.2 Operationalisierung von Problemlösekompetenz

Fächerübergreifende Problemlösekompetenz sollte sinnvollerweise durch Aufgaben operationalisiert werden, die einen möglichst weiten Bereich unterschiedlicher Problemstellungen umfassen. Um dies zu gewährleisten, wurde in Anlehnung an Unterscheidungsmerkmale für Problemstellungen, die in der kognitiven Psychologie diskutiert werden (vgl. Funke, 2003; Jonassen, 2000), das in Tabelle 2.1 dargestellte Klassifikationssystem verwendet.

- Hauptunterscheidungsmerkmal ist – entsprechend den eingangs formulierten Fragen – der durch konkrete Aufgabenstellungen zu operationalisierende *Problemtyp:* analytisch versus dynamisch (Wirth & Klieme, 2003). Analytische Probleme erfordern die Anwendung von Wissen, und der in der Problemstellung beschriebene Ausgangszustand enthält alle für die Lösung erforderlichen Informationen entweder explizit oder implizit, sodass sie vom Problemlöser erschlossen werden können. Sie lassen sich in Papier-und-Bleistift-Form bearbeiten und betreffen die „Projektaufgaben", das „Analoge Problemlösen" und die „Fehlersuche". Dynamische Probleme erfordern zunächst den Erwerb von Wissen, welches anschließend dann zur Anwendung kommen kann. Der in der Problemstellung präsentierte Ausgangszustand enthält die für die Problemlösung erforderlichen Informationen nur implizit; sie müssen vom Problemlöser erst durch eigene hypothesentestende Handlungen identifiziert, das heißt generiert oder entdeckt, und integriert werden. Probleme dieses Typs werden in Form von interaktiven Computersimulationen präsentiert und betreffen das „Virtuelle Labor", das „Ökologie-Planspiel" und das „Raumfahrtspiel".

- Ein zweites Unterscheidungsmerkmal ist die *Art des Zielzustands,* der als Lösung des jeweiligen Problems erreicht werden soll: wohldefiniert versus offen (Dörner, 1976; McCarthy, 1956). Wohldefiniert ist ein Zielzustand, wenn eine präzise beschreibbare

Problemlösung auf einem präzise beschreibbaren Lösungsweg angestrebt werden soll. Dies gilt für die „Projektaufgaben", das „Analoge Problemlösen" und das „Raumfahrtspiel". Offen ist ein Zielzustand, wenn die Lösung des Problems und/oder der Lösungsweg weniger präzise beschrieben werden kann und das Ziel teilweise oder ganz durch den Problemlöser selbst zu definieren ist. Dies gilt für die „Fehlersuche", das „Virtuelle Labor" und das „Ökologie-Planspiel".

– Ein drittes Unterscheidungsmerkmal ist der *Problemkontext:* curriculumbezogen versus schulbezogen versus nicht schulbezogen. Curriculumbezogen ist ein Problemkontext, wenn die Problemstellung eine Thematik betrifft, die Gegenstand des schulischen Unterrichts ist, ohne dass jedoch – um den fächerübergreifenden Charakter der Problemlöseaufgaben zu gewährleisten – unmittelbar ersichtlich sein muss, welches fachliche Wissen zur Lösung nutzbar ist. Dies gilt für das „Virtuelle Labor" und teilweise für das „Ökologie-Planspiel", selbstverständlich aber auch für Lese-, Mathematik- und Naturwissenschaftsaufgaben, die jedoch nicht fächerübergreifend konzipiert sind. Schulbezogen ist ein Problemkontext, wenn die Problemstellung eine Thematik betrifft, die im alltäglichen Leben in der Schule und ihrem unmittelbaren Umfeld verankert ist, ohne notwendig direkt Gegenstand des Unterrichts zu sein. Dies gilt für die „Projektaufgaben" und teilweise für das „Ökologie-Planspiel". Nichtschul-bezogen ist schließlich eine Thematik, die ein alltägliches Problem außerhalb der Schule betrifft. Dies gilt für das „Analoge Problemlösen", die „Fehlersuche" und das „Raumfahrtspiel".

Um möglichst umfassend alle so klassifizierten Aspekte des Problemlösens abzudecken, wurden auf der Grundlage von Paradigmen der psychologischen Problemlöseforschung sechs verschiedene Verfahren zum Teil neu entwickelt, zum Teil an die Anforderungen eines *Large-Scale Assessments* adaptiert. Die in Tabelle 2.1 klassifizierten Aufgabentypen zum fächerübergreifenden Problemlösen sollen nun im Folgenden näher beschrieben werden (vgl. Funke, 2003; Klieme, 2004; Klieme u.a., 2001; Wirth & Klieme, 2003). Wenn man von dem Merkmal „Art des Zielzustands" absieht, dann decken sie die sechs Hauptbereiche der Tabelle 2.1 ab – allerdings mit Ausnahme des Bereichs curriculumbezogener analytischer Probleme mit wohldefiniertem Zielzustand. In diesen Bereich

Problemtyp	Ziel	Problemkontext		
		curriculum-bezogen	schul-bezogen	nicht schul-bezogen
Dynamisches Problem	Offen	Ökologie-Planspiel Virtuelles Labor		
	Wohl-definiert			Raumfahrtspiel
Analytisches Problem	Offen			Fehlersuche
	Wohl-definiert	Lesen, Mathematik, Naturwissenschaften	Projekt-aufgaben	Analoges Problemlösen

Tabelle 2.1 Klassifikationssystem für Problemstellungen

fallen die PISA-*Literacy*-Tests für Lesen, Mathematik und Naturwissenschaften, die in einem gewissen Sinne ebenfalls als Problemlöse-Test angesehen werden können.

2.2.1 Aufgaben zum analytischen Problemlösen

Projektaufgaben (Autoren: Klieme, Ebach u.a.)
Bei diesen Aufgaben handelt es sich um eine besondere Form „handlungsorientierter Diagnostik": Ein „Projekt" wie zum Beispiel die Organisation eines Klassenfestes wird in mehrere Arbeitsschritte aufgegliedert (Ziele klären – Informationen beschaffen – Planen – Entscheiden und Ausführen – Bewerten), zu denen jeweils einzelne Aufgaben gestellt werden. Der Test misst im Wesentlichen die Fähigkeit, Informationen zu erfassen, zu ordnen, aus unterschiedlichen Perspektiven zu bewerten und – unter Berücksichtigung multipler Zielsetzungen – Entscheidungen abzuleiten. Im PISA-Feldtest kommen zwei derartige „Projekte" aus thematisch unterschiedlichen Kontexten zum Einsatz. Gemäß Tabelle 2.1 sind die Projektaufgaben als wohldefiniert und schulbezogen klassifiziert. Sie erfordern planendes und kombinatorisches Denken. (Die in der Haupterhebung PISA 2000 verwendete Variante des Aufgabentyps ist in Kap. 3 näher dargestellt.)

Analoges Problemlösen (Autoren: Wirth, Klieme)
Es werden mehrschrittige Planungs- und Ordnungsaufgaben gestellt, die jeweils in eine Alltagsgeschichte eingebunden sind. Zu jeder Aufgabe wird eine analoge Bezugsaufgabe mit ausgearbeiteter Lösung vorgegeben. Die Testperson muss die Beziehungen zwischen der ersten Aufgabe und der analogen Aufgabe erkennen und den Lösungsweg übertragen. Erfasst wird, wie gut der analoge Transfer beim Problemlösen gelingt. Gemäß Tabelle 2.1 sind die Aufgaben zum analogen Problemlösen als wohldefiniert und nicht schulbezogen klassifiziert. Sie erfordern analoges, schlussfolgerndes Denken.

Fehlersuche (Autoren: O'Neil, Baker u.a.; Adaptation: Klieme, Wirth)
Es wird die Skizze eines einfachen technischen Gerätes (z.B. einer Luftpumpe) vorgelegt. Der Test erfordert den Aufbau eines mentalen Modells seiner Funktionsweise, um auf dieser Basis dann Schlussfolgerungen über mögliche Funktionsfehler und deren Behebungen ziehen zu können. Gemäß Tabelle 2.1 sind die Aufgaben zur Fehlersuche als offen und nicht schulbezogen klassifiziert. Sie erfordern schlussfolgerndes Denken in mentalen Modellen.

2.2.2 Aufgaben zum dynamischen Problemlösen

Virtuelles Labor (Autoren: Reimann, Schmitt)
In einem computersimulierten Labor soll die Testperson eine Serie von Experimenten durchführen und bestimmte Gesetzmäßigkeiten erschließen. Sie wählt dazu jeweils experimentelle Bedingungen aus und lässt sich das Experiment in einem Videoclip vorführen. Die Abfolge der Experimente und ihrer Resultate wird in einer Tabelle festge-

halten. Auf der Basis dieser Informationen kann die Testperson dann Hypothesen formulieren und als richtig oder falsch bewerten. Die Experimentierumgebung besteht aus drei Komponenten: virtueller Experimentierraum (mit Videodarstellung), Ergebnistabelle und Hypothesenfenster. Erfasst wird, ob die im Gegenstandsbereich zentralen Hypothesen aufgestellt werden und wie systematisch die Testperson vorgeht. Gemäß Tabelle 2.1 ist das Virtuelle Labor als offen und curriculumbezogen klassifiziert. Es erfordert *Scientific Discovery as Dual Search* (Klahr & Dunbar, 1988) in einem Hypothesen- und einem Experimentierraum.

Ökologie-Planspiel (Autor: Schrettenbrunner u.a.; Adaptation: Leutner)
Mit diesem Planspiel, das von Fachexperten als realitätsadäquat bewertet worden ist (vgl. Leutner & Schrettenbrunner, 1989), wird die Situation eines Agrarbetriebs simuliert, wobei Themen mehrerer schulischer Fächer angesprochen werden. Erfasst wird, wie effizient die Testperson das System exploriert, welches Wissen sie dabei erwirbt und wie gut sie in einem abschließenden Testdurchgang den Agrarbetrieb bewirtschaften kann. Gemäß Tabelle 2.1 ist das Ökologie-Planspiel als offen klassifiziert. Es kann sowohl als curriculum- als auch als schulbezogen gelten, da in der Gestaltung des schulischen Alltags agrarökologische Fragen ebenfalls vorkommen können (z.B. als „Schulgarten"). Das System ist vergleichsweise komplex (viele quantitative Parameter, vernetzt, intransparent und einer Eigendynamik unterworfen) und repräsentiert damit die Forschungstradition des „komplexen Problemlösens" im Sinne von Dörner (1989). Gemäß dieser Tradition erfordert es *Learning by Doing* auf der Basis des Suchens und Sich-Bewegens in einem unendlichen Problemraum, der als naturalistisches Szenario eingekleidet ist.

Raumfahrtspiel (Autoren: Funke, Töpfer, Wagener)
In der Forschung zum „komplexen Problemlösen" wurden nicht nur dynamische Systeme mit quantitativen Variablen untersucht, wie beispielsweise die zuvor beschriebene ökologische Simulation, sondern auch diskrete Systeme. Derartige Systeme können eine bestimmte Menge an Zuständen annehmen, die durch bestimmte Eingriffe (darstellbar als Betätigen von „Schaltern") verändert und ineinander überführt werden können. Alltagsbeispiele sind Fahrkartenautomaten, Mobiltelefone oder andere elektronische Geräte. Es können aber auch technische, ökonomische oder soziale Prozesse mit derartigen Modellen (so genannten „finiten Automaten") dargestellt werden (Buchner & Funke, 1993; Frensch & Funke, 1995). Für PISA wurde eine Variante entwickelt, die in ein Raumfahrtszenario eingebettet ist. Erfasst wird auch hier, wie effizient die Testperson das System exploriert, welches Wissen sie dabei erwirbt und mit welchem Erfolg sie abschließende Steuerungsaufgaben bewältigt. Gemäß Tabelle 2.1 ist das Raumfahrtspiel als wohldefiniert und nicht schulbezogen klassifiziert. Auch dieses System erfordert das Suchen und Sich-Bewegen in einem Problemraum und *Learning by Doing*. Im Gegensatz zum Ökologie-Planspiel ist dieser Problemraum allerdings nicht unendlich, sondern endlich. (Die in der Haupterhebung PISA 2000 verwendete Variante des Raumfahrtspiels wird in Kap. 4 im Detail beschrieben.)

2.3 Empirische Erprobung im Feldtest

Die im Abschnitt zuvor beschriebenen Messinstrumente wurden im 1999 durchgeführten PISA-Feldtest erprobt. Bei den Instrumenten zum fächerübergreifenden Problemlösen handelte es sich beim deutschen PISA-Feldtest um eine nationale Ergänzung des international eingesetzten Testmaterials, wozu für die Aufgaben zum analytischen Problemlösen der zweite Testtag genutzt wurde und für die Aufgaben zum dynamischen Problemlösen bei einer Teilstichprobe ein dritter Testtag erforderlich wurde.

2.3.1 Zielsetzung und methodische Vorgehensweise

Ziel des Feldtests war zunächst zu prüfen, ob die entwickelten bzw. adaptierten Instrumente praktikabel einsetzbar sind und für Assessmentzwecke hinreichend gute psychometrische Eigenschaften aufweisen. Zentrales weiteres Ziel war die Konstruktvalidierung der Instrumente. Darüber hinaus sollten erste Schritte unternommen werden, die Sensitivität von Maßen der Problemlösekompetenz für Effekte institutionalisierter Bildung zu untersuchen.

Stichprobe, Design und Vorgehensweise

Am PISA-Feldtest nahmen insgesamt nahezu 4.000 Schülerinnen und Schüler teil. In der Problemlöse-Teilstichprobe waren insgesamt 654 Schülerinnen und Schüler aus 18 Schulen in vier Bundesländern einbezogen. Pro Schule waren Teilnehmer ausgewählt, die überwiegend der internationalen PISA-Zielgruppe der 15-Jährigen, zum geringeren Teil der deutschen Ergänzungspopulation von Schülern der 9. Jahrgangsstufe angehörten. Alle Schülerinnen und Schüler dieser Problemlöse-Stichprobe bearbeiteten – wie die übrigen Teilnehmer des PISA-Feldtests – an einem ersten Testtag die internationalen Aufgaben zum Lesen, zur Mathematik und zu den Naturwissenschaften sowie einen Begleitfragebogen, in dem unter anderem auch demographische Variablen wie zum Beispiel Geschlecht und sozioökonomischer Status erhoben wurden.

An einem zweiten Testtag wurden bei allen Teilnehmern nationale Ergänzungsaufgaben und Fragebögen eingesetzt. An diesem Tag bearbeitete die eine Hälfte der Problemlöse-Teilstichprobe die Projektaufgaben, die andere Hälfte die Aufgaben zum analogen Problemlösen. Hinzu kamen für alle Teilnehmer die Subtests „Figurale Analogien" und „Wortanalogien" des Kognitiven Fähigkeitstests (Heller, Gaedike, & Weinläder, 1985) als Maße der allgemeinen Intelligenz (Reasoning). Zudem wurde den Teilnehmern ein nationaler Ergänzungsfragebogen vorgelegt.

Ausschließlich für die 18 Schulen der Problemlöse-Stichprobe wurde schließlich ein dritter Testtag organisiert. Mitarbeiter des Max-Planck-Instituts für Bildungsforschung bereisten, ausgerüstet mit einem Satz von 30 identisch konfigurierten Laptop-PCs, die Schulen und führten jeweils in einer Doppelstunde die Erhebungen durch. Diese bestanden im Wesentlichen aus den – um eine „Maus-Tracking"-Aufgabe zur Erfassung der Informationsverarbeitungsgeschwindigkeit ergänzten – drei computergestützten

Verfahren sowie aus der Aufgabe zur Fehlersuche, die einer ausführlichen mündlichen Instruktion bedurfte und daher nicht bereits am zweiten Testtag bearbeitet werden konnte. Ergänzend wurden per Fragebogen das thematische Interesse und das Vorwissen zu den Problemstellungen sowie die Computererfahrung erhoben. Nach einem ausbalancierten Design bearbeitete die Mehrheit der Teilnehmer je zwei dieser Tests in wechselnden Kombinationen, sodass jedes einzelne Verfahren von etwa 180 Schülern und jede Kombination von etwa 60 Schülern bearbeitet wurde[2]. Kleinere Teile der Problemlöse-Stichprobe bearbeiteten auch am dritten Testtag eines der schriftlichen Verfahren (Projektaufgabe bzw. analoges Problemlösen), sodass in Verbindung mit den Daten des zweiten Testtages auch Zusammenhänge zwischen diesen beiden Aufgabentypen untersucht werden konnten.

Operationalisierung von Komponenten der Problemlösekompetenz
Bei den schriftlichen Verfahren zum analytischen Problemlösen lässt sich Problemlösekompetenz operationalisieren als Anzahl der richtigen Antworten zu den einzelnen Aufgabenstellungen. Insofern gibt es jeweils ein Maß für die Projektaufgaben, für die Aufgaben zum analogen Problemlösen und für die Aufgaben zur Fehlersuche. Bei den computerbasierten Verfahren zum dynamischen Problemlösen lassen sich – entsprechend der zu Grunde liegenden Unterscheidung von Wissenserwerb und Wissensanwendung – dagegen mehrere Maße erzeugen. Die Testung erfolgte in drei Phasen: Exploration, Wissenstest, Steuerungstest. In der ersten Phase war das System zu explorieren, um zu verstehen, wie es funktioniert. Aus den Logfiles der Computerprogramme ließen sich Maße für die Effizienz des Explorationsverhaltens ableiten. In der zweiten Phase wurde schriftlich das in der Explorationsphase erworbene Wissen erfragt, sodass auch hier die Anzahl der richtigen Antworten das Maß der Wahl ist. In der Steuerungsphase schließlich, die nur beim Ökologie-Planspiel und beim Raumfahrtspiel sinnvoll erhoben werden konnte, ging es um die Anwendung des in der Explorationsphase erworbenen Wissens: Das jeweils simulierte System war durch geschickte Eingriffe auf einen bestimmten Zielzustand hin zu steuern, und aus den Logfiles der Computerprogramme ließ sich jeweils ein Maß für die Steuerungsleistung ableiten. Die Problemlösekompetenz wird beim Ökologie-Planspiel und beim Raumfahrtspiel demzufolge durch die drei Komponenten „Exploration", „Wissen" und „Steuern" repräsentiert, beim Virtuellen Labor nur durch die zwei Komponenten „Exploration" und „Wissen".

2.3.2 Ergebnisse zur Einsetzbarkeit und zur Reliabilität der Instrumente

Die den Einsatz der schriftlichen Instrumente zum analytischen Problemlösen betreffende Praktikabilität erwies sich erwartungsgemäß als unproblematisch. Der Einsatz der computerbasierten Instrumente zum dynamischen Problemlösen war dagegen mit einem durchaus als erheblich zu bezeichnenden, aber dennoch zu bewältigenden Aufwand verbunden, nicht zuletzt weil zur damaligen Zeit noch nicht alle Schulen über hinreichend geeignete Hardware verfügten und aus diesem Grund von den Testleitern mit-

Instrument	Schwierigkeit	Reliabilität (α)
Projektaufgaben	0,68	0,74
Analoges Problemlösen	0,33	0,79
Fehlersuche	0,36	0,63
Wissenstest des Raumfahrtspiels Virtuellen Labors Ökologie-Planspiels	0,53 0,50 0,62	0,82 0,78 0,63

Tabelle 2.2   Schwierigkeit und Reliabilität der schriftlichen und computerbasierten Skalen
zur Erfassung fächerübergreifender Problemlösekompetenz

gebrachte Laptop-PCs auf- und abgebaut werden mussten. Außerdem gab es vereinzelt
Systemausfälle, die dazu führten, dass die Logfiles der betroffenen Teilnehmer nicht ge-
sichert werden konnten. Im Großen und Ganzen erwies sich dieser Aufwand jedoch
noch als praktikabel, und der Datenverlust hielt sich in sehr engen Grenzen.

Tabelle 2.2 enthält grundlegende Informationen zu psychometrischen Eigenschaften der
Problemlösemaße. Es zeigt sich, dass die Schwierigkeit (operationalisiert als mittlere
Lösungswahrscheinlichkeit von Items) der Skalen zum analytischen Problemlösen und der
Wissensskalen zum dynamischen Problemlösen in einem akzeptablen mittleren Bereich
liegen, wobei das analoge Problemlösen und die Fehlersuche als etwas schwieriger und die
Projektaufgaben und das Geographie-Planspiel als etwas leichter auffallen. Darüber
hinaus ist festzustellen, dass die Reliabilität der Skalen (operationalisiert als Cronbachs α)
ebenfalls akzeptable Werte erreicht, wobei die Fehlersuche und das Geographie-Planspiel
im Vergleich zu den anderen Skalen eine etwas geringere Zuverlässigkeit aufweisen.

Tabelle 2.3 enthält Informationen zur Frage, inwieweit die Skalenwerte der Problem-
löse-Skalen im Sinne eines „Bias" durch andere konstruktferne Variablen verzerrt sind.
So könnte man zum Beispiel erwarten, dass Testteilnehmer mit hoher Computererfahrung bei den computergestützten Verfahren im Vorteil sein könnten. Ein erster Blick in
die letzte Spalte von Tabelle 2.3 zeigt tatsächlich für die computergestützten Verfahren
eine etwas höhere Korrelation als für die schriftlichen Verfahren, wobei die Explora-
tionskomponenten des Virtuellen Labors und des Geographie-Planspiels nicht statistisch
signifikant mit der Computererfahrung korrelieren. Allerdings ist der Unterschied bei
den signifikanten Korrelationen nur marginal und erreicht erst bei der Steuerkompo-
nente des Raumfahrtspiels eine Größenordnung, die zwar im Vergleich zu den Projektaufgaben und dem analogen Problemlösen statistisch signifikant ist, nicht aber im Vergleich zur Fehlersuche. Im Übrigen ist die Computererfahrung im Sinne einer positiven
Korrelation mit Intelligenz konfundiert. Kontrolliert man die Intelligenz, dann sinken
die (Partial-)Korrelationen für die schriftlichen Verfahren auf unter .15 und bei den computerbasierten Verfahren immerhin auf Werte zwischen .15 und .30. Akzeptabel sind
auch die geschlechterspezifischen Unterschiede der Problemlösekompetenz. Zwar

Instrument	Interesse[1]	Vorwissen[1]	Geschlecht[2]	Computer-erfahrung[3]
Projektaufgaben	n.s.	0,19	n.s.	0,16
Analoges Problemlösen	n.s.	0,31	n.s.	0,14
Fehlersuche	n.s.	0,22	0,16	0,22
Raumfahrtspiel				
Exploration	n.s.	0,18 (n.s.)	0,32 (0,25)	0,26
Wissen	n.s.	n.s.	n.s.	0,18
Steuern	n.s.	0,16 (n.s.)	0,35 (0,24)	0,36
Virtuelles Labor				
Exploration	n.s.	n.s.	n.s.	n.s.
Wissen	0,14	0,28 (0,24)	n.s.	0,21
Ökologie-Planspiel				
Exploration	n.s.	n.s.	n.s.	n.s.
Wissen	n.s.	n.s.	0,28 (0,17)	0,28
Steuern	n.s.	n.s.	n.s.	0,28

[1] Jeweils instrumentspezifisch erfragt.
[2] Kodierung: 1 = männlich, 0 = weiblich.
[3] Per Fragebogen erfragt.

n.s.: nicht statistisch signifikante Korrelationen. Bei den computerbasierten Verfahren sind in Klammern die Partialkorrelationen bei Kontrolle der Computererfahrung angegeben.

Tabelle 2.3   Korrelation der Problemlöseskalen mit konstruktfremden Variablen

schneiden Jungen bei der Explorations- und der Steuerungskomponente des Raumfahrtspiels und bei der Wissenskomponente des Ökologie-Planspiels etwas besser ab als Mädchen, der Unterschied verschwindet aber weitgehend, wenn auch nicht vollständig, wenn die Computererfahrung kontrolliert wird.

Bemerkenswert und erfreulich ist (vgl. Tab. 2.3), dass die von den Testteilnehmern bei den computerbasierten Instrumenten erreichten Skalenwerte mit Ausnahme der Wissenskomponente beim Virtuellen Labor mit dem verfahrensspezifisch erfragten thematischen Interesse nicht korrelieren und dass sich auch beim verfahrensspezifisch erfragten Vorwissen, ebenfalls mit der Ausnahme der Wissenskomponente des Virtuellen Labors, keine nennenswerten Korrelationen zeigen: Die niedrigen, aber statistisch signifikanten Korrelationen des Vorwissens mit der Explorations- und der Steuerungskomponente des Raumfahrtspiels verschwinden, wenn Computererfahrung kontrolliert wird. Für die schriftlichen Verfahren zeigen sich ebenfalls keine Korrelationen mit dem thematischen Interesse, wohl aber beim Vorwissen und dort insbesondere beim analogen Problemlösen.

Als Fazit ist festzustellen, dass die Adaptation von Verfahren der Problemlöseforschung für das Assessment von Problemlösekompetenz in einer großen Stichprobe durchaus als gelungen bezeichnet werden kann. Die Verfahren haben einen angemessenen Schwierigkeitsgrad und eine weitgehend gute Reliabilität. Zusammenhänge mit Interesse, Vorwissen, Geschlecht und Computererfahrung sind mit wenigen Ausnahmen nicht als bedeutsam anzusehen und dürften daher die Fairness der Testinstrumente nicht gefährden.

2.3.3 Ergebnisse zur konvergenten und diskriminanten Konstruktvalidität der Instrumente

Im Folgenden werden zunächst die computerbasierten Verfahren anhand von Pfad-modellen daraufhin untersucht, ob sie tatsächlich über die schriftlichen Verfahren hinausgehen und nicht nur die intelligente Anwendung, sondern auch den intelligenten Erwerb von Wissen erfassen. Im nächsten Schritt wird anhand von Strukturmodellen ge-prüft, ob dynamisches und analytisches Problemlösen unterschiedliche Dimensionen der Problemlösekompetenz darstellen, die sich von Intelligenz abgrenzen lassen. Schließlich wird im dritten Schritt ebenfalls anhand von Strukturmodellen geprüft, in-wieweit sich die Dimensionen der Problemlösekompetenz auch dann noch voneinander abgrenzen lassen, wenn die fachlichen Kompetenzen bezüglich Lesen, Mathematik und Naturwissenschaften mit in das Modell aufgenommen werden. Abschließend werden die fachlichen und die Problemlösekompetenzen anhand einer multidimensionalen Skalie-rung auf ihre Struktur hin untersucht.

Zu beachten ist, dass das Virtuelle Labor bei den folgenden Analysen nicht weiter be-rücksichtigt wird: Zum einen zeigt es als einziges der computergestützten Verfahren we-nig wünschenswerte Korrelation mit thematischem Interesse und Vorwissen. Zum an-deren besteht beim Virtuellen Labor im Gegensatz zu den anderen beiden Verfahren keine Möglichkeit, die Steuerungskomponente der dynamischen Problemlösekompe-tenz zu erfassen, sodass es in Strukturmodellen schon allein durch die Art der Indika-torvariablen aus dem Rahmen fallen würde.

Pfadmodelle der computerbasierten Verfahren

Fächerübergreifendes Problemlösen wurde eingangs als intelligentes Anwenden von Wissen konzeptualisiert, wobei bei dynamischen Problemen im Gegensatz zu analy-tischen Problemen noch der intelligente Erwerb von Wissen innerhalb der Problem-situation konstituierend hinzutritt *(Learning by Doing)*. Intelligenz sollte also bei allen Problemlöseleistungen eine gewisse Rolle spielen, wobei diese Rolle bei analytischen Problemen größer sein dürfte als bei dynamischen Problemen, allein schon aufgrund desselben Präsentationsformats als Papier-und-Bleistift-Test. Die Rohkorrelationen zei-gen genau dieses Muster: Die Korrelation der Intelligenz mit den schriftlichen Testver-fahren beträgt $.70 < r < .72$, während die Korrelation der Intelligenz mit den Kompo-nenten der Problemlösekompetenzen beim Raumfahrtspiel im Bereich $.45 < r < .58$ und beim Ökologie-Planspiel im Bereich $.23 < r < .58$ liegt. Bemerkenswert ist, dass bei den computerbasierten Verfahren jeweils die höchste Korrelation (in beiden Fällen $r = .58$) bei der Wissenskomponente auftritt, die ebenfalls schriftlich (als Multiple-Choice-Test am Computer) erfasst wurde und im Hinblick auf die Reliabilität der Skalenwerte mit den schriftlichen Verfahren vergleichbar ist (vgl. Tab. 2.2). Intelligenz spielt also sowohl beim analytischen als auch beim dynamischen Problemlösen eine maßgebliche Rolle, die allerdings beim analytischen Problemlösen offensichtlicher ist als beim dynamischen Problemlösen. Dies ist ganz im Einklang mit der Elshout-Raaheim-Hypothese (Leutner, 2002; vgl. Kap. 1, in diesem Band), nach der Intelligenz beim Problemlösen vor allem dann deutlich ins Spiel kommt, wenn zur Lösung des Problems auf vorhandenes Wissen zurückgegriffen werden kann („Problemlösen als intelligente Anwendung von Wissen"). Anders sieht dies dagegen beim dynamischen Problemlösen aus: Hier scheinen die Testpersonen (wie bei der Konstruktion der Verfahren bezweckt) tatsächlich weniger auf vorhandenes Wissen zurückgreifen zu können (das müssen sie sich im Rahmen der Exploration erst erarbeiten), was sich ganz im Sinne der Elshout-Raaheim-Hypothese in einer insgesamt reduzierten Korrelation mit Intelligenz niederzuschlagen scheint.

Die Pfadmodelle in den Abbildungen 2.1 und 2.2 zeigen für beide dynamische Verfahren, dass Intelligenz einen starken direkten Pfad auf das am Ende der Systemexploration abrufbare Wissen hat, dass bei beiden Verfahren aber auch ein indirekter Pfad über die Exploration geht: Wer intelligent ist, exploriert effizient und erwirbt auf diese Weise

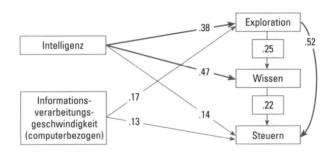

χ^2 = 2.51, df = 1, p = 0.11, RMSEA = 0.090.

Abbildung 2.1 Pfadmodell der Komponenten der Problemlösekompetenz beim Raumfahrtspiel

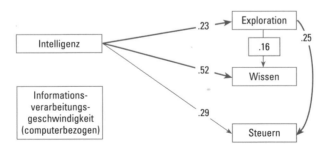

χ^2 = 7.17, df = 4, p = 0.13, RMSEA = 0.071.

Abbildung 2.2 Pfadmodell der Komponenten der Problemlösekompetenz beim Ökologie-Planspiel

deklaratives Wissen über Eigenschaften des simulierten Systems. Die beiden Pfad-modelle zeigen darüber hinaus neben einem direkten Pfad auch einen indirekten Pfad von Intelligenz über Exploration auf Steuern: Wer intelligent ist, exploriert effizient und erwirbt auf diese Weise prozedurales Wissen, das ihn über das deklarative Wissen hinaus befähigt, das System zielgerichtet zu steuern (vgl. Kröner, 2001). Bemerkenswert ist, dass das im Rahmen der Exploration erworbene deklarative Wissen beim Raumfahrtspiel dem erfolgreichen Steuern des Systems dienlich ist, was beim Ökologie-Planspiel jedoch nicht der Fall ist. Dies repliziert im Übrigen Befunde aus Untersuchungen, in denen das Ökologie-Planspiel als Lernumgebung im Geographieunterricht eingesetzt wurde (vgl. Leutner, 1993; Leutner & Schrettenbrunner, 1989).

In den Pfadmodellen ist schließlich als Kontrollvariable die über eine Maus-Tracking-Aufgabe erfasste „Geschwindigkeit der Informationsverarbeitung" aufgenommen, die als basale Komponente der Intelligenz angesehen werden kann. Es zeigt sich, dass diese Variable zwar beim (mausgesteuerten) Raumfahrtspiel eine schwache Rolle spielt, nicht aber beim (tastaturgesteuerten) Ökologie-Planspiel. Sie kann also bei den weiteren Über-legungen vernachlässigt werden.

Strukturmodell analytischer und dynamischer Problemlösekompetenzen und Intelligenz

Anhand der bisherigen korrelativen Analysen konnte gezeigt werden, dass die beiden Verfahren zur Erfassung dynamischer Aspekte der Problemlösekompetenz tatsächlich geeignet sind, den intelligenten Erwerb und die intelligente Anwendung von Wissen zu erfassen. Nun stellt sich die Frage, ob dynamisches und analytisches Problemlösen unterschiedliche Dimensionen der Problemlösekompetenz darstellen, die sich zudem von Intelligenz abgrenzen lassen.

Zur Klärung dieser Frage wurde auf der Basis von Rohkorrelationen eine konfirma-torische Faktoranalyse berechnet, bei der dynamisches Problemlösen, analytisches Prob-lemlösen und Intelligenz als untereinander korrelierende latente Variablen spezifiziert wurden. Für das dynamische Problemlösen wurden die Explorations-, Wissens- und Steuerungskomponenten der beiden dynamischen Verfahren als Indikatorvariablen spe-zifiziert, für das analytische Problemlösen die drei verschiedenen Aufgabentypen, für In-telligenz der figurale und der verbale KFT-Subtest. Das Modell fittet die Daten gut und ist in Abbildung 2.3 dargestellt. Es zeigt sich, dass die drei Dimensionen zwar ver-gleichsweise hohe latente Korrelationen aufweisen ($.84 < r < .92$), dass sie aber dennoch geeignet sind, die Korrelationsstruktur der Indikatorvariablen in angemessener Weise zu erklären. Dass die drei Dimensionen tatsächlich auch notwendig sind, belegten Mo-dellrechnungen mit zwei Dimensionen bzw. einer Dimension, die in keinem Fall einen angemessen Fit ergaben.

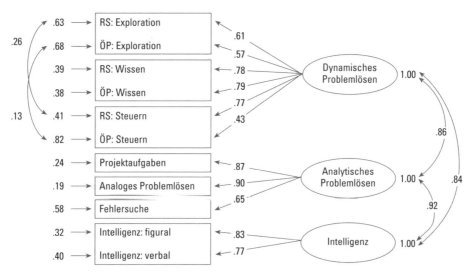

χ^2 = 46.79, df = 39, p = 0.18311, RMSEA = 0.045, RS = Raumfahrtspiel, ÖP = Ökologie-Planspiel.

Abbildung 2.3   Strukturmodell der Problemlösekompetenzen und Intelligenz

Strukturmodell der fachlichen und der Problemlösekompetenzen zusammen mit Intelligenz

In den Analysen zur Abbildung 2.3 konnte gezeigt werden, dass dynamisches und analytisches Problemlösen unterschiedliche Dimensionen der Problemlösekompetenz darstellen, die sich von Intelligenz abgrenzen lassen. Nun interessiert die Frage, ob sich die Dimensionen der Problemlösekompetenz auch dann noch voneinander abgrenzen lassen, wenn die fachlichen Kompetenzen bezüglich Lesen, Mathematik und Naturwissenschaften mit in das Modell aufgenommen werden. Abbildung 2.4 zeigt das passabel fittende Ergebnis (geringer dimensionale Modelle fitten deutlich schlechter). Es zeigt sich, dass sich die beiden Problemtypen auch in diesem umfassenden Kontext noch empirisch voneinander und von Intelligenz trennen lassen.

Multidimensionale Skalierung der latenten Korrelation der PISA-Kompetenzen und der Intelligenz

Tabelle 2.4 enthält die latenten Korrelationen der sechs Kompetenzdimensionen in Abbildung 2.4, und Abbildung 2.5 veranschaulicht die Struktur dieser Korrelationen in einer Art „Landkarte": Jede Kompetenz ist durch einen Punkt dargestellt: Je geringer der Abstand der Punkte, desto höher die latente Korrelation der betreffenden Kompetenzen. Es zeigt sich, dass die Kompetenzen eine seit Guttman (1954, 1957) so bezeichnete „Radex-Struktur" aufweisen: Intelligenz befindet sich im Zentrum der Struktur; die Kompetenzen sind gewissermaßen wie Tortenstücke als Sektoren um dieses Zentrum herum organisiert. Bemerkenswert ist, dass analytisches und dynamisches Problemlösen innerhalb ein und dessel-

	Dynamisches Problem- lösen	Analytisches Problem- lösen	Intelligenz	Mathe- matik	Natur- wissen- schaften	Lesen
Dynamisches Problemlösen	1,00					
Analytisches Problemlösen	0,87	1,00				
Intelligenz	0,84	0,90	1,00			
Mathematik	0,80	0,86	0,86	1,00		
Naturwissenschaften	0,53	0,83	0,81	0,38	1,00	
Lesen	0,77	0,92	0,86	0,30	0,64	1,00

Tabelle 2.4   Latente Korrelation der Kompetenzdimensionen in Abbildung 2.4

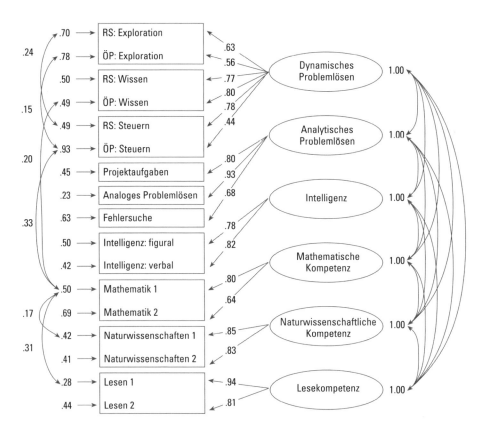

χ^2 = 129.84, df = 89, p = 0.01732, RMSEA = 0.057, RS = Raumfahrtspiel, ÖP = Ökologie-Planspiel.

Abbildung 2.4   Strukturmodell der im PISA-Test erfassten Kompetenzen und Intelligenz

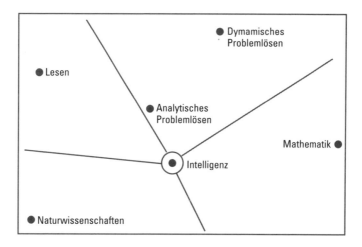

Abbildung 2.5   Nichtmetrische multidimensionale Skalierung der latenten Korrelationen aus
Abbildung 2.4 und Tabelle 2.4 (fit stress = .058)

ben Sektors liegen, der im Übrigen zwischen den Sektoren für Mathematik und Lesen plat-
ziert ist. Auffällig ist auch, dass analytisches Problemlösen weiter im Zentrum und damit
näher an der Intelligenz liegt als alle anderen Kompetenzdimensionen. Dies verweist darauf, dass Intelligenz beim analytischen Problemlösen eine besondere Rolle spielt und dass
mathematische Kompetenz und Lesekompetenz beim Problemlösen mehr ins Spiel kommen als naturwissenschaftliche Kompetenz. Für die konvergente und diskriminante Konstruktvalidität der Instrumente zur Erfassung fächerübergreifender Problemlösekompetenzen bedeuten diese Ergebnisse zusammenfassend Folgendes:

(1) Die computerbasierten Verfahren gehen über die schriftlichen Verfahren hinaus
    und erfassen nicht nur die intelligente Anwendung, sondern auch den intelligenten
    Erwerb von Wissen.

(2) Dynamisches und analytisches Problemlösen stellen unterschiedliche Dimensionen
    der Problemlösekompetenz dar, die sich von Intelligenz nicht nur theoretisch, son-
    dern auch empirisch abgrenzen lassen.

(3) Die beiden Dimensionen der Problemlösekompetenz lassen sich auch dann noch
    voneinander und von anderen Kompetenzen abgrenzen, wenn die fachlichen Kom-
    petenzen bezüglich Lesen, Mathematik und Naturwissenschaften mit betrachtet
    werden.

Die beiden Kompetenzen, analytische und dynamische Probleme zu lösen, erweisen sich
damit – wie zu erwarten – als untereinander korrelierende Teilaspekte fächerübergreifender Problemlösekompetenz, die sich beide von fachlichen Kompetenzen in Lesen, Mathematik und Naturwissenschaften abgrenzen lassen. Darüber hinaus lassen sie sich
ebenfalls von Intelligenz abgrenzen, wobei analytisches Problemlösen eine deutlich höhere Affinität zur Intelligenz zeigt als dynamisches Problemlösen.

2.4 Zusammenfassende Diskussion

Ausgangspunkt der Erprobungsphase des PISA-2000-Problemlöse-Tests war die Frage nach der Praktikabilität einer Messung fächerübergreifender Problemlösekompetenzen im *Large-Scale Assessment* und den psychometrischen Eigenschaften der eigens entwickelten bzw. aus der Problemlösepsychologie adaptierten Instrumente. Die Ergebnisse zeigen, dass die psychometrischen Eigenschaften im Sinne von Schwierigkeit der Aufgaben und Reliabilität der Skalenwerte zufriedenstellend sind und dass die Instrumente, insbesondere auch die computerbasierten Instrumente, mit vertretbarem Aufwand eingesetzt werden können.

Ein weiteres Ziel der Erprobungsphase war es, die theoretisch relevante Frage nach der konvergenten und diskriminanten Konstruktvalidität der eingesetzten Instrumente zu beantworten. Die Ergebnisse zeigen, dass analytisches und dynamisches Problemlösen empirisch trennbare, aber konvergierende Aspekte einer fächerübergreifend konzipierten Problemlösekompetenz darstellen, die sich von theoretisch unterschiedlichen Kompetenzen wie allgemeiner Intelligenz im Sinne schlussfolgernden Denkens *(Reasoning)* und speziellen fachlichen Kompetenzen im Bereich des Lesens, der Mathematik und der Naturwissenschaften empirisch gut abgrenzen lassen.

Die Ergebnisse des Feldtests ermutigten das deutsche PISA-Konsortium, auch beim Haupttest des Jahres 2000 im Rahmen der nationalen Ergänzungen fächerübergreifendes Problemlösen zu erfassen, wobei sowohl analytische als auch dynamische Aspekte berücksichtigt werden sollten. Es wurden ein schriftliches Verfahren (die Projektaufgaben, siehe Kap. 3) und zwei computergestützte Verfahren (das Raumfahrtspiel und das Ökologie-Planspiel, Kap. 4) für den Einsatz in der Haupterhebung ausgewählt. Um den Gesamtbereich der Problemlösekompetenzen auch um einen sozialkommunikativen Aspekt zu erweitern, wurde zudem auf der Basis der Projektaufgaben eine Gruppenaufgabe konstruiert und gesondert vorerprobt, mit der im Haupttest 2000 die Fähigkeit zum kooperativen Problemlösen untersucht werden konnte (siehe Kap. 7).

Anmerkungen

1 Mitglieder der Expertengruppe waren Joachim Funke, Detlev Leutner, Eckhard Klieme (Sprecher) und Peter Reimann, später auch Peter Frensch, sowie Joachim Wirth als Wissenschaftlicher Mitarbeiter.

2 Teststärkeanalysen hatten ergeben, dass 44 Beobachtungseinheiten pro Kombination ausreichen, um eine Korrelation der Größenordnung r = .60 mit einer Fehlerwahrscheinlichkeit erster und zweiter Art von jeweils .05 zu erkennen.

Eckhard Klieme, Johannes Hartig und Joachim Wirth

3 Analytisches Problemlösen: Messansatz und Befunde zu Planungs- und Entscheidungsaufgaben

Die nationale Erweiterung der PISA-Hauptstudie im Jahr 2000 unterschied bei dem Versuch, neben stärker fachbezogenen Kompetenzen auch fächerübergreifende Problemlösekompetenzen zu messen, zwischen analytischem und dynamischem Problemlösen. Beim analytischen Problemlösen sind die Ausgangslage und die sich daraus ergebende Problemstellung, oft unter Nutzung von Graphiken und Abbildungen, verbal beschrieben. Ziele sind wohldefiniert und dem Bearbeiter weitgehend klar. Alle notwendigen Informationen liegen dem Bearbeiter vor bzw. können aus vorhandenen Materialien (Texten, Tabellen, Graphiken) erschlossen werden. Um ausgehend von diesen Informationen Lösungen planen und Ziele erreichen zu können, benötigt man dennoch mitunter viele Zwischenschritte. Probleme – auch vom „analytischen" Typus – lassen sich nicht mit fertigen Routinen bewältigen. Man muss relevante Informationen auswählen oder erschließen, ein mentales Modell der Problemsituation erstellen, Alternativen durchspielen, Entscheidungen fällen und möglicherweise wieder korrigieren, Zwischenschritte und Ergebnisse laufend bewerten.

Die Bearbeitung eines Tests zum analytischen Problemlösen erfordert also durchaus komplexe Regulationsprozesse. Kriterium der Bewertung ist jedoch ausschließlich, ob die notwendigen Schlüsse letztlich erfolgreich vollzogen wurden, sodass die korrekte Lösung – wiederum verbal – angegeben bzw. unter vorgegebenen Alternativen identifiziert werden kann. Hierin liegt der wesentliche Unterschied zum dynamischen Problemlösen, wo der Bearbeiter in eine meist am Computer simulierte, zunächst intransparente Situation aktiv eingreift und dabei laufend beobachtet wird, sodass Kennwerte für die Güte des Explorationsprozesses, also des Wissenserwerbs, und der Wissensanwendung ermittelt werden können (vgl. hierzu Kap. 2 und 4).

Tests zum analytischen Problemlösen erfassen somit nicht unmittelbar die Güte von Problemlöseprozessen, sondern die Qualität der „Produkte", das heißt der Lösungen, die durch schlussfolgerndes Denken und intelligente Nutzung von Wissen in weitgehend transparenten Situationen erzielt werden. Das Testergebnis soll die Fähigkeit messen, komplexe Informationen auszuwerten, zu verknüpfen und auf vorgegebene Ziele und Fragestellungen hin zu bündeln, um Handlungen zu planen und Entscheidungen zu fällen.

In den vergangenen Jahren wurden verschiedene Versuche unternommen, so verstandenes analytisches Problemlösen im Rahmen von *Large-Scale Assessments* zu erfassen. Wie unter anderem die Felderprobung für PISA 2000 in Deutschland gezeigt hat (vgl. Kap. 2), sind hierzu Papier-und-Bleistift-Tests durchaus geeignet. Eine Grundfrage solcher Unternehmungen betrifft aber die Frage, inwieweit die Tests tatsächlich die Qualität des Problemlösens als solche erfassen, unabhängig von Wissensvoraussetzungen und fachspezifischen Kompetenzen. Diese Frage stellt sich besonders im Kontext der PISA-Studie, deren *Literacy*-Konzept ja auch fachbezogene Dimensionen wie etwa mathematische und naturwissenschaftliche Grundkompetenz so definiert und operationalisiert, dass die Nutzung von fachbezogenen Konzepten, Prozeduren und Modellen bei der Bewältigung lebensweltlicher Problemstellungen im Vordergrund steht. Das PISA-Konzept für die Messung der Lesekompetenz (Artelt u.a., 2001) umfasst neben „Informationen ermitteln" sowie „Reflektieren und Bewerten" den Aspekt des „Textbezogenen Interpretierens", der vermutlich genau jene Art von Schlussfolgerungsprozessen erfordert, wie sie auch beim analytischen Problemlösen angesprochen werden sollen. Hinzu kommt, dass mit den so genannten diskontinuierlichen Texten im PISA-Lesetest Formate der Informationsdarstellung verwendet werden, wie sie für analytisches Problemlösen typisch sein sollen.

Will man fächerübergreifendes analytisches Problemlösen von *Literacy*-Komponenten sensu PISA unterscheiden, kann man prinzipiell drei Strategien verfolgen (vgl. Klieme, 2004): (a) Man weist innerhalb jeder der *Literacy*-Dimensionen Problemlöseaufgaben aus und fasst sie zu einer eigenen Skala zusammen, die gewissermaßen quer zu den *Literacy*-Bereichen liegt. (b) Man konstruiert Problemlöseaufgaben als „Transfer-Aufgaben", die einzelne *Literacy*-Dimensionen überschreiten, indem deren Anforderungen – eingeschlossen Wissenskomponenten – gemischt und kombiniert werden, also zum Beispiel mathematisches Modellieren in Kombination mit texbezogenem Interpretieren und/oder Prozessen des naturwissenschaftlichen Denkens. (c) Man verwendet für den Problemlösetest Aufgabentypen, die sich durch besondere Ansprüche an schlussfolgerndes Denken auszeichnen, aber möglichst nur Alltagswissen voraussetzen und somit definitiv nicht zu den fachbezogenen Anforderungen gezählt werden können. Strategie (a) ist angesichts der Bereichsspezifität von Problemlöseleistungen, die in zahlreichen Arbeiten aus der kognitiven Psychologie nachgewiesen wurde, unrealistisch. Wenn sich ein gemeinsamer Faktor über verschiedene *Literacy*-Bereiche hinweg finden ließe, wäre er vermutlich identisch mit dem g-Faktor der allgemeinen Intelligenz. Strategie (b) interpretiert fächerübergreifendes Problemlösen durch fächer*verbindende* Aufgaben; sie wurde im internationalen Problemlöse-Test bei PISA 2003 favorisiert (vgl. Dossey u.a., 2003; Leutner u.a., 2004). Strategie (c) kann als Versuch eines möglichst fächer*unabhängigen* Problemlöse-Tests bezeichnet werden. Sie wurde – in Anlehnung an frühere Versuche, Problemlösefähigkeiten zu messen – bei PISA 2000 durch so genannte Projektaufgaben realisiert und wird im Folgenden näher dargestellt.

Die Frage nach dem Verhältnis zwischen analytischem Problemlösen, *Literacy*-Dimensionen und allgemeiner Intelligenz wird im vorliegenden Kapitel noch nicht beantwortet. Theoretisch ist zu erwarten, dass ein nach Strategie (c) konstruierter fächer-übergreifender Problemlöse-Test – genauso wie bei Strategie (a) – nur schwer von Ma-ßen der allgemeinen Intelligenz abgegrenzt werden kann, während bei Strategie (b) ein enger Zusammenhang mit den PISA-*Literacy*-Dimensionen, vor allem mit der Lese-kompetenz, zu erwarten ist. Die Antwort hierauf wird Kapitel 5 geben.

Im folgenden Abschnitt 3.1 soll zunächst das Messkonzept der Projektaufgaben illust-riert werden. Insbesondere werden jene Aufgaben vorgestellt, mit denen bei PISA 2000 (Hauptstudie) analytische Problemlösefähigkeiten gemessen wurden. Abschnitt 3.2 ist dem Versuch gewidmet, auf der Basis von Anforderungsmerkmalen der Aufgaben Ab-stufungen der gemessenen Problemlösekompetenz zu beschreiben. Angesichts der ge-ringen Zahl von Problemlöseaufgaben, die bei PISA 2000 eingesetzt werden konnten, ist es nicht möglich, für diesen speziellen Test ein Modell von diskreten Niveaus („Kom-petenzstufen") empirisch abzusichern. Ausgehend von Studien mit ähnlichen Aufgaben lassen sich jedoch auch für PISA 2000 Niveaus der analytischen Problemlösefähigkeit psychologisch charakterisieren. Abschnitt 3.3 berichtet sodann über die Verteilung der analytischen Problemlösefähigkeiten bei deutschen Schülerinnen und Schülern, wobei auf den Effekt des Geschlechts sowie auf Leistungsunterschiede zwischen Schulformen bzw. zwischen Ländern der Bundesrepublik Deutschland eingegangen wird. Der Län-dervergleich ist hier möglich, weil sich die Auswertungen des vorliegenden Kapitels auf den gesamten PISA-E-Datensatz beziehen. 29.984 Schülerinnen und Schülern, die im Jahr 2000 an der deutschen PISA-Erweiterung teilnahmen, wurden auch analytische Problemlöseaufgaben vorgelegt[1].

3.1 Projektaufgaben: Konzeption und Auswertungsstrategie

Von den verschiedenen schriftlichen Problemlöse-Tests, die im Rahmen der nationalen Erweiterung beim PISA-Feldversuch im Jahr 1999 erprobt worden sind (vgl. den Über-blick im Abschnitt 2.2.1), wurden für die Hauptstudie die so genannten Projektaufgaben ausgewählt. Damit verwendete PISA 2000 ein Konzept zur Messung von Problemlöse-fähigkeiten in Schulleistungsstudien, das Mitte der 1990er Jahre am Bonner Institut für Bildungsforschung entwickelt worden war (Klieme u.a., 1997). Teils vor, teils parallel zu PISA wurde das Konzept in zwei Erhebungswellen der Hamburger Studie „Aspekte der Lernausgangslage und der Lernentwicklung (LAU)" genutzt (Ebach, 1999; Ebach, Klieme, & Hensgen, 1999; Lehmann, Gänsfuß, & Peek, 1999; Lehmann u.a., 2002).

Das Prinzip der Projektaufgaben wurde – wiederum von der Bonner Arbeitsgruppe – auch in eine internationale Studie zu Kompetenzen von Erwachsenen eingebracht, die *Adult Literacy and Life Skills Study* (ALL; Reef, Zabal, & Klieme, 2004). Im Anschluss daran wird es aktuell bei den Vorbereitungen einer OECD-Studie im Erwachsenenbe-reich diskutiert (Deutsches Institut für Erwachsenenbildung, 2004). Kernideen dieses Messkonzepts gingen schließlich in die Gestaltung des internationalen Problemlöse-Tests für PISA 2003 ein, dessen Aufgabentypen „Entscheidungen treffen" sowie „Sys-

teme analysieren und entwerfen" gleichsam auf wenige Items konzentrierte Projektaufgaben darstellen (vgl. Dossey u.a., 2004; Leutner u.a., 2004, S. 154 f.). Damit gehört das
Konzept der Projektaufgaben zu den wenigen Ansätzen zur Messung fächerübergreifender Problemlösekompetenzen, die bislang in unterschiedlichen Leistungsstudien,
über verschiedene Altersgruppen hinweg und auch im internationalen Vergleich eingesetzt wurden (Klieme, 2004).

Ausgangspunkt der Entwicklung dieses Testkonzepts war die Idee einer „handlungs-
orientierten Diagnostik". Ein „Projekt" wie zum Beispiel die Organisation eines Ausflugs
oder die Reduktion des Energieverbrauchs im Schulgebäude (siehe Abb. 3.1) sollte schriftlich vorgestellt und in mehreren Einzelaufgaben durchgearbeitet werden. Der Testteilnehmer sollte sich in die Rolle einer Person hineinversetzen, die das Projekt Schritt für
Schritt, durch eine Abfolge von Planungen und Einzelentscheidungen, auf der Basis
komplexer Informationen bewältigt. Die Einzelaufgaben bilden jeweils einen Arbeitsschritt, wie zum Beispiel Ziele klären – Informationen beschaffen – planen – entscheiden und ausführen – bewerten, ab.

Ursprünglich hatte man mit diesem Ansatz berufliche Arbeitsabläufe nach dem Modell einer „vollständigen Handlung" simulieren wollen, um so zu einer authentischen
Prüfung beruflicher Handlungskompetenz zu gelangen (Kloft u.a., 1997). Das Konzept
wurde für den Einsatz in der LAU-Studie auf den allgemein bildenden Bereich übertragen, indem nun alltagsnahe Planungs- und Entscheidungsprobleme aus der Lebenswelt
der Schülerinnen und Schüler durchgespielt wurden. Interessanterweise hatte unabhängig hiervon eine internationale Arbeitsgruppe, die im Auftrag der OECD Verfahren
zur Messung von *Cross-Curricular Competencies* entwickeln sollte, ebenfalls mit Pla-
nungsaufgaben vom Typ „Klassenausflug" experimentiert, allerdings – weil man sehr offene Itemformate verwendete – mit unbefriedigenden psychometrischen Kennwerten
(Trier & Peschar, 1995).

Die Projektaufgaben sollten somit zentrale Aspekte des Problemlösens erfassen,
verstanden als zielgerichteter kognitiver Prozess, der Handlungen vorbereitet und be-
gleitet. Analytische Problemlösekompetenz sollte sich daran zeigen, dass es einer
Testperson gelingt, eine Problemstellung zu identifizieren, Ziele zu klären, relevante
Informationen zu suchen und diese zu einer kohärenten Problemrepräsentation zu integrieren, die Problemsituation im Hinblick auf vorgegebene Ziele und Kriterien zu
bewerten, schließlich einen Plan zur Problemlösung zu entwerfen – beispielsweise in
Form einer geordneten Abfolge geeigneter Handlungsschritte – und schließlich die
Ausführung des Plans zu bewerten. Die Projektaufgaben sollten diese Aspekte von
Problemlöseprozessen in einem schriftlichen Verfahren simulieren. Bei der Bearbeitung solcher Aufgaben – so wurde vermutet – werde inhaltsspezifisches wie auch all-
gemeines Wissen ebenso genutzt wie allgemeine Problemlösestrategien und Heuris-
tiken. Selbstverständlich – so lauten weitere Vermutungen – spiele die Lesefähigkeit
(insbesondere die Fähigkeit, „diskontinuierliche" Texte wie Tabellen und Graphiken
zu interpretieren) eine große Rolle, und bei der Bearbeitung sei ein hoher Aufwand
an metakognitiver Regulation erforderlich.

Gleichwohl erlaubt die Auswertung der schriftlichen Aufgaben keine Zerlegung in solche Aspekte oder Teilfähigkeiten. Erfasst wird durch den Test vielmehr, inwieweit es den Probanden gelingt, die jeweils notwendigen Schritte der Informationsbeschaffung, -verarbeitung und -bewertung erfolgreich zu bewältigen. Die Schwierigkeit der einzelnen Aufgaben und deren psychologische Bedeutung hängt von der Komplexität dieser Informationsverarbeitungsprozesse ab, nicht jedoch von der Stellung einer Aufgabe im fiktiven Projektkontext (vgl. dazu Abschnitt 3.2).

Konkret wurden bei PISA 2000 zwei Projekte verwendet: das Projekt „Energie- und Wassersparen in der Schule" (vgl. Abb. 3.1) mit vier Aufgaben („Arbeitsschritten") sowie das Projekt „Anlegen eines Schulgartens", bei dem zwei Aufgaben („Pflanzaktion planen" sowie „Pflanzen aussuchen") zu bewältigen waren. Diese sechs Aufgaben gingen in die Skalierung der analytischen Problemlösekompetenz ein. Für die Bearbeitung der schriftlichen Probleme waren gegen Ende des zweiten Testtages 30 Minuten vorgesehen. Eingeschlossen waren in diese Zeit zusätzlich zu den sechs erwähnten Aufgaben zwei offene Fragen („Termin der AG festsetzen" und „Beet bepflanzen"), die den Schülern in unterschiedlichen Varianten (A, B, C) vorgelegt wurden. Diese Fragen wurden anschließend in Kleingruppen von jeweils drei Schülern weiter bearbeitet, woraus sich Maße für kooperatives Problemlösen ergaben (vgl. Kap. 7). In die Schätzung der individuellen Problemlösekompetenz gingen die beiden Zusatzfragen jedoch nicht ein.

Typischerweise erhalten die Schülerinnen und Schüler zu Beginn der Arbeit an einem Projekt eine kurze Einführung (im Beispiel: „Stell dir vor, deine Schule will an einem Energiesparprogramm teilnehmen ..."). Sie werden aufgefordert, sich in eine bestimmte Rolle hineinzuversetzen („Ihr, d.h. einige Schülerinnen und Schüler aus allen Klassenstufen, wollt dieses Angebot nutzen und habt dazu eine Arbeitsgruppe gebildet"), es wird ein globales Ziel vorgegeben („Die ganze Schule soll so viel Energie wie möglich sparen"), und es folgt ein Überblick über Arbeitsschritte, die anschließend in Einzelaufgaben durchgearbeitet werden. Im vorliegenden Fall sind dies vier Schritte, mit denen zentrale Handlungselemente eines solchen komplexen Projekts simuliert werden:

(1) *Analyse der Ausgangssituation:* Mit der Teilaufgabe „Informationen sammeln" wird ein Aspekt einer solchen Situationsanalyse simuliert. Im vorliegenden Fall geht es darum, dass die Schülerinnen und Schüler in der fiktiven Rolle der Arbeitsgruppe „Energie- und Wassersparen" nach geeigneten Experten suchen, von denen sie Beratung erhalten können. Aus Informationen über mögliche Experten (fiktiv: Angaben aus einer Informationsbroschüre) soll erschlossen werden, welcher Experte für welche Maßnahme in Frage kommt. Bei fünf Experten und vier Maßnahmen sind insgesamt 20 Einzelentscheidungen über die Passung des jeweiligen Experten zur jeweiligen Aktion zu treffen. In der Testsituation muss der Bearbeiter jedoch nur bei positiven Entscheidungen „aktiv" werden, das heißt ein Kreuz setzen. (Dies ist wichtig für die Auswertungsstrategie, auf die weiter unten eingegangen wird.)

(2) *Lösungsvorschläge entwickeln und bewerten:* Dieser Handlungsschritt wird durch die Teilaufgabe „Vorschläge sammeln" simuliert, bei der sechs Ideen zur Reduktion des

Energie- und Wassersparen in der Schule

Stell dir vor, deine Schule will an einem Energiesparprogramm teilnehmen. Die Hälfte von dem Geld, das ihr in diesem Schuljahr – im Vergleich zum vergangenen Schuljahr – an Energie- und Wasserkosten einspart, könnt ihr für eure Schule selbst nutzen. Ihr, das heißt einige Schülerinnen und Schüler aus allen Klassenstufen, wollt dieses Angebot nutzen und habt dazu eine Arbeitsgruppe gebildet. Die ganze Schule soll so viel Energie und Wasser wie möglich sparen.

Zur Vorbereitung und Durchführung dieses Vorhabens müsst ihr ...
- Informationen sammeln,
- Vorschläge sammeln,
- Temperaturen messen,
- Temperaturen vergleichen und neu einstellen.

Informationen sammeln

In einer Info-Broschüre findet ihr folgende Adressen:

a) **Die Umweltberatungslehrer** Gerhard Neuhaus und Klaudia Stark (Vorträge, Fachberatung, Ausleihe von Strommessgeräten) erreichbar über das Umweltamt Tel.: 7880-2223 Fax: 7880-2099	b) **Gaswerke AG** Verkaufsbereich Sonderkunden Volker Miekesch (Fachberatung, technische Prüfung der Anlagen) Tel.: 2366-3435 Fax: 2366-3860
c) **Städtische Elektrizitätswerke (SEW)** Ulrike Maus (Vorträge und Informationen für Schüler)	d) **SEW-Kundenzentren** • Fachberatung • Ausleihe von Strommessgeräten
e) **Verbraucher-Zentrale** Verleih von Strommessgeräten und Wasserzählern, Vorträge Tel.: 248 32-250 Fax: 248 32-290	

Welche Adressen können euch bei folgenden Ideen und Maßnahmen nützlich sein?

Bitte markiere *alle* jeweils nützlichen Adressen!

Idee/Maßnahme	Adresse				
1. Die Gasheizung überprüfen lassen.	a	b	c	d	e
2. Strommessungen selbst durchführen.	a	b	c	d	e
3. Einen Vortrag organisieren.	a	b	c	d	e
4. Euch von einem Fachmann beraten lassen.	a	b	c	d	e

Abbildung 3.1   Aufgaben des Tests zum analytischen Problemlösen (Projekt „Energie- und Wassersparen") in der PISA-2000-Haupterhebung

Vorschläge sammeln

Ihr habt folgende sechs Vorschläge zum Energie- und Wassersparen gesammelt:

1. Im Lehrerzimmer statt der Wärmhalteplatte der Kaffemaschine die vorhandene Thermoskanne nutzen.

2. Isolierglas in die Fenster einbauen.

3. Ein großes Becken bauen, Regenwasser darin sammeln und in die Toilettenspülung pumpen.

4. Spartasten in die Toilettenspülung einbauen.

5. Die Getränkeautomaten in schulfreien Zeiten abschalten.

6. Im Winter lieber kurz und kräftig lüften und dann die Fenster wieder schließen.

Ihr wollt
- die Vorschläge danach sortieren, was sie sparen: Strom, Wasser oder Heizenergie, und
- entscheiden, für welche Vorschläge bauliche oder technische Veränderungen nötig sind und für welche nicht.

Dazu habt ihr folgende Tabelle erstellt:	Der Vorschlag spart Strom	Der Vorschlag spart Wasser	Der Vorschlag spart Heizenergie
Ohne Vorbereitung umsetzbar	a	b	c
Benötigt bauliche oder technische Veränderungen	d	e	f

Welche Vorschläge gehören in welche Felder? Markiere jeweils eine Antwort!

1. Der 1. Vorschlag gehört in Feld   a   b   c   d   e   f

2. Der 2. Vorschlag gehört in Feld   a   b   c   d   e   f

3. Der 3. Vorschlag gehört in Feld   a   b   c   d   e   f

4. Der 4. Vorschlag gehört in Feld   a   b   c   d   e   f

5. Der 5. Vorschlag gehört in Feld   a   b   c   d   e   f

6. Der 6. Vorschlag gehört in Feld   a   b   c   d   e   f

Temperaturen messen

Ihr habt euch entschieden, mit dem Energiesparen bei der Heizung zu beginnen. Ihr wollt deshalb in allen Schulräumen die Temperatur messen. Dafür muss einiges vorbereitet und ausgewertet werden.

A) Ausreichend Thermometer besorgen.
B) Die Ergebnisse an der Infowand in der Pausenhalle aufhängen.
C) Protokollbögen auswerten.
D) Temperatur-Protokollbögen vorbereiten.
E) Temperatur messen.

**In welcher der folgenden Reihenfolgen könnt ihr die notwendigen Dinge tun?
Markiere *alle* sinnvollen Möglichkeiten!**

a   D – A – E – C – B   b   A – D – E – B – C

c   D – E – A – C – B   d   D – A – C – E – B

noch Abbildung 3.1   Aufgaben des Tests zum analytischen Problemlösen (Projekt „Energie- und Wassersparen") in der PISA-2000-Haupterhebung

Temperaturen vergleichen und neu einstellen

Ihr wollt nun die gemessenen Temperaturen mit Angaben darüber vergleichen, wie die Temperatur in verschiedenen Schulräumen sein sollte.

Dazu benötigt ihr:
- einen Raumplan,
- die gemessenen Temperaturen,
- Angaben über die eigentlich vorgesehenen Temperaturen.

Raumplan:

R 104 Lehrerzimmer	R 105 Sekretariat	R 106 Direktor	R 107 Klasse 7a	R 108 Klasse 5b
R 103 Klasse 6a		R 109 Pausenhalle	Treppenhaus
R 102 Klasse 6b			
R 101 Toiletten Mädchen		R 110 Toiletten Jungen	

| R 501 Sporthalle | R 502 Umkleideraum Jungen | R 503 Umkleideraum Mädchen |

Vorgesehene Temperaturen:

22° C
Wasch- und Umkleideräume

20° C
Unterrichtsräume, Aufenthaltsräume, Lehrerzimmer, Verwaltungsräume

17° C
Sporthallen

10° C
Toiletten, Flure, Treppenhäuser, Pausenhallen

Gemessene Temperaturen:

Raum	Temperatur	Bemerkungen
101	15° C	8:00 Uhr
101	15° C	11:00 Uhr
101	16° C	13:00 Uhr
102	19° C	8:00 Uhr
102	24° C	11:00 Uhr, viel Sonne
104	21° C	11:00 Uhr, viel Sonne
105	20° C	
106	23° C	
109	16° C	
Treppenhaus	11° C	
501	17° C	8:00 Uhr
501	21° C	12:00 Uhr; zwei Klassen
502	25° C	

Ihr wollt nun die gemessenen Werte mit den vorgesehenen Werten vergleichen. Wenn es Abweichungen gibt, soll die Temperatur neu eingestellt werden. Welche der folgenden Aussagen sind richtig?

Markiere *alle* richtigen Aussagen!

a Die Temperatur in der Mädchentoilette ist durchgehend zu hoch gewesen.

b Treppenhaus und Pausenhalle sind richtig temperiert.

c Durch Sonneneinstrahlung sind in der 6b am späten Vormittag zu hohe Raumtemperaturen erreicht worden.

d Der Umkleideraum der Jungen sollte wärmer sein.

e Im Sekretariat ist es zu warm.

f Wenn zwei Klassen die Sporthalle gleichzeitig benutzen, kann die Heizung niedriger gestellt werden.

noch Abbildung 3.1   Aufgaben des Tests zum analytischen Problemlösen (Projekt „Energie- und Wassersparen") in der PISA-2000-Haupterhebung

Energie- und Wasserverbrauchs angegeben sind, die fiktiv als Ergebnisse eines Brain-stormings in der Arbeitsgruppe bezeichnet werden. Diese Vorschläge sollen nun nach zwei Kriterien (dargestellt in einer zweidimensionalen Matrix) bewertet werden: zum einen im Hinblick darauf, was genau mit dem jeweiligen Vorschlag gespart werden kann (Spalten), zum anderen im Hinblick auf die Umsetzbarkeit (Zeilen). Zu jedem der sechs Vorschläge sind also zwei Entscheidungen zu fällen, sodass das Antwort-muster der von der Schülerin bzw. dem Schüler gesetzten Kreuze letztendlich zwölf elementare Entscheidungen widerspiegelt.

(3) *Handlungsplanung:* Dies wird hier durch eine vom Format her einfach erscheinende Aufgabe simuliert, bei der fiktive Teilschritte in die richtige Reihenfolge gebracht werden müssen. Demnach besteht das „Temperatur messen" aus fünf Teilschrit-ten, vom Vorbereiten der Bögen zur Erfassung der Messdaten (D) und der Bereit-stellung von Thermometern (A) über die eigentliche Messung (E), die Auswertung der Messbögen (C) bis hin zur Veröffentlichung der Ergebnisse (B). Die hier gege-bene Beschreibung impliziert bereits, dass nur die Reihenfolge D-A-E-C-B oder aber A-D-E-B-C möglich ist. Ein quasi linearer Lösungsweg könnte darin bestehen, dass der Bearbeiter zunächst einen ersten Teilschritt auswählt (also eine der fünf vorge-gebenen Teilhandlungen wählt), sodann einen zweiten Schritt (eins aus vier), einen dritten (eins aus drei) und einen vierten Schritt (eins aus zwei). Dies wäre ein Ab-lauf, der prinzipiell einfacher erscheint als die beiden vorigen Teilaufgaben mit ih-ren 20 bzw. 18 Einzelentscheidungen. Allerdings sind eine Reihe von Vergleichs-prozessen notwendig, und vor allem muss sich der Bearbeiter – wenn er die Fra-gestellung exakt beantworten will – überlegen, welche verschiedenen sinnvollen Möglichkeiten der Reihung von Teilschritten es gibt. Letztlich muss also der ge-samte Spielraum aller möglichen Kombinationen strukturiert und ausgewertet wer-den. Ein anderer, vermutlich noch einfacherer Lösungsweg bestünde bei dieser Multiple-Choice-Aufgabe darin, nacheinander die vier vorgegebenen Möglichkeiten zu bewerten.

(4) *Ergebnisse auswerten und evaluieren:* In dem vierten und letzten Arbeitsschritt des Pro-jekts, „Temperaturen vergleichen und neu einstellen", werden die Bearbeiter mit fiktiven Messergebnissen versehen, die zu interpretieren und aus denen Schlussfol-gerungen zu ziehen sind. Da auch hier nicht nur eine richtige Antwort gesucht ist, müssen alle sechs vorgegebenen Aussagen in Bezug auf ihre Passung zu den Mess-ergebnissen bewertet werden. Beispielsweise muss man, um die Aussage „Die Tem-peratur in der Mädchentoilette ist durchgehend zu hoch gewesen" zu bewerten, dem Raumplan Informationen über die Lage der Mädchentoilette entnehmen (es handelt sich um den Raum R 101), aus der Liste der „vorgesehenen Temperaturen" die Ziel-größe „10° C" erschließen, sodann in der Tabelle „gemessene Temperaturen" die Messwerte für Raum 101 nachsehen und prüfen, ob diese tatsächlich über den Ziel-werten gelegen haben, wobei das Wort „durchgehend" dahingehend interpretiert wer-den muss, dass man im Ergebnis die Bewertung aus drei Messzeitpunkten (8, 11 und 13 Uhr) zu verknüpfen hat. Analog ist auch bei den fünf weiteren Aussagen gefordert,

die Information, die in vier Dimensionen gegeben ist (Raum, Zielwert, Zeitpunkt und gemessener Wert), systematisch zu suchen, zu kombinieren und zu interpretieren. Offensichtlich spielt bei dieser Aufgabe die mentale Vorstellung des Situations- und Handlungskontextes eine besonders große Rolle.

Die beiden Arbeitsschritte aus dem Projekt „Schulgarten", die hier nicht im Einzelnen dokumentiert werden können, sind mit Aufgaben des ersten Projekts vergleichbar: Bei der Teilaufgabe „Termine planen" des Schulgarten-Projekts geht es wie in Beispielaufgabe 3 darum, vorgegebene Handlungen zeitlich richtig anzuordnen. Beim „Pflanzen bewerten" im Schulgarten-Projekt werden die Schülerinnen und Schüler aufgefordert, eine Reihe von Pflanzen mit vorgegebenen Eigenschaften darauf zu untersuchen, ob sie an bestimmten Stellen eines Schulgartens die jeweils geforderte Nässe, Lichtintensität und Lage erhalten. Ähnlich wie bei Arbeitsschritt 1 des Energiespar-Projekts geht es also darum, eine Vielzahl von Optionen nach multiplen Kriterien vollständig zu bewerten.

Wie wertet man derartig komplexe Aufgaben aus? Kann man jede der vielen Einzelentscheidungen, jedes gesetzte oder nicht gesetzte Kreuz als Testitem behandeln, oder muss man die so genannten „Arbeitsschritte" (im Beispiel also vier Aufgaben) jeweils holistisch auswerten? Hierzu wurden in den verschiedenen Studien, die bislang Projektaufgaben einsetzten, umfangreiche Analysen und Simulationsrechnungen durchgeführt. Das Ergebnis zeigt eindeutig, dass eine verlässliche Auswertung sich nur auf jene Entscheidungen beziehen darf, die von den Bearbeitern positiv ausgeführt und durch Setzen einer Antwortmarkierung dokumentiert werden müssen. Ob man ein Kästchen korrekterweise *nicht* ankreuzt, liefert offenbar eine andere Information als das korrekte Setzen einer Markierung. Mischt man beide Informationen, sinkt die Reliabilität des Tests. Es werden also nur diejenigen „Antwortkästchen" gewertet, bei denen im Fall einer korrekten Lösung ein Kreuz zu setzen wäre. Wenn man nun jedes dieser „Kästchen" als eigenständiges Item behandelte, würde man die Annahmen der psychometrischen Modelle (konkret: die Annahme der lokalen stochastischen Unabhängigkeit) verletzen, weil die Elementarentscheidungen innerhalb eines Arbeitsschrittes natürlich hochgradig voneinander abhängen. Aus inhaltlichen wie auch aus psychometrischen Gründen erscheint es daher notwendig, zu jedem Arbeitsschritt einen Index zu bilden, der dann als „Testitem" wie bei den anderen PISA-Leistungsdimensionen behandelt wird. Damit ist die Auswertungsstrategie kompatibel mit dem Vorgehen etwa im Lese- oder im Mathematiktest, bei denen ebenfalls Aufgabenblöcke mit mehreren Items auftreten (hier: Projekte), wobei jedoch jedes Item – selbst wenn es aus einer Vielzahl von Einzelüberlegungen zusammengesetzt ist – holistisch bewertet wird.

Letztendlich besteht also der Test zum analytischen Problemlösen in PISA 2000 aus sechs Testaufgaben, vier Aufgaben (= Arbeitsschritte) zum Projekt Energie- und Wassersparen sowie zwei Aufgaben zum Projekt Schulgarten. Um diese sechs Aufgaben nach dem Rasch-Modell, wie es auch sonst in PISA gebräuchlich ist, auswerten zu können, wurde der Index zu jedem Arbeitsschritt dichotomisiert. Hierzu musste ein in gewissen Grenzen willkürliches Kriterium gesetzt werden. Im Folgenden gilt eine Aufgabe (= Arbeitsschritt) in diesem Sinne als richtig gelöst, wenn *alle* erwarteten Einzelmarkierungen korrekt gesetzt wurden. Nach diesem Kriterium haben zwischen 19 und 63 Prozent der Bearbeiter die einzelnen Aufgaben korrekt gelöst, im Durchschnitt über alle Aufgaben 38 Prozent. (Bei einem liberaleren Kriterium von 50 % der erwarteten Markierungen wären es pro Aufgabe zwischen 21 % und 73 %, im Durchschnitt 44 %; vgl. Tab. 3.1.) Der Test wurde auf dieser Grundlage skaliert; das Rasch-Modell entsprach sehr gut den empirischen Daten[2]. Die Ergebnisse wurden zwecks Vergleichbarkeit mit anderen PISA-Skalen so transformiert, dass innerhalb Deutschlands (!) der Mittelwert 500 und die Standardabweichung 100 betragen.

3.2 Validität und Niveaustufen des analytischen Problemlösens

Analysen zu Projektaufgaben, die in der Hamburger LAU-Studie und bei ALL eingesetzt wurden, ergaben übereinstimmend, dass über unterschiedliche Projekte hinweg eine einheitliche Leistungsdimension etabliert werden kann. Bei ALL betrugen die paarweisen latenten (messfehlerbereinigten) Korrelationen zwischen vier unterschiedlichen Projekten .93 bis .96, und eine kombinierte Version von Kurzformen der vier Projekte mit 18 Aufgaben erreichte mit α = .81 eine sehr beachtliche interne Konsistenz (Reeff, Zabal, & Klieme, 2004). Ähnliche Befunde berichten Lehmann u.a. (2002, S. 75) aus LAU für die 9. Jahrgangsstufe. Für die LAU-7-Daten konnten konfirmatorische Faktorenanalysen gerechnet werden, die zeigten, dass eine Trennung in projektspezifische oder arbeitsschrittspezifische Faktoren den Daten nicht besser angepasst war als ein gemeinsamer Generalfaktor (Ebach, 1999). Insbesondere konstituieren gleichlautende „Arbeitsschritte" aus unterschiedlichen Projekten wie zum Beispiel „Situation analysieren", „Planen" oder „Zielerreichung bewerten" keineswegs getrennte Subdimensionen. Ebach, Klieme und Hensgen (1999, S. 20) kommen zu dem Schluss: „Es ist deshalb davon auszugehen, dass die Handlungselemente aus dem Modell einer vollständigen Handlung für den nach dem Projektansatz (...) konstruierten Problemlöse-Test keine differenzierende Bedeutung zur Beschreibung der gemessenen Problemlösefähigkeit besitzen. Sie stellen jedoch eine wichtige und für den Projektcharakter der Aufgaben zentrale Konstruktionshilfe dar." Die Rede von Projekten und Handlungs- bzw. Arbeitsschritten ist also nicht mehr als eine Metapher, die hilft, komplexe, alltagsnahe Aufgaben zu entwickeln, denen eine vergleichsweise hohe Augenscheinvalidität zugeschrieben werden kann.

Was aber messen Projektaufgaben jenseits der (simulierten) Bewältigung von Handlungsanforderungen? Die wichtigste Antwort auf diese Frage geben sicherlich Korrelationsanalysen, die schon bei LAU nachwiesen, dass analytisches Problemlösen und Lesekompetenz vergleichsweise eng zusammenhängen (Ebach, Klieme, & Hensgen, 1999, S. 21, berichten für Lau-7 r = .66, Lehmann u.a., 2002, für LAU-9 r = .72; zu analogen PISA-Befunden vgl. Kap. 5). Zur Frage nach der (Konstrukt-)Validität des Problemlös-Tests gehört aber auch die Untersuchung der Faktoren, von denen die Schwierigkeit seiner Aufgaben abhängt. Allen Items der analytischen Problemlöse-Tests ist gemeinsam, dass gewisse Alternativen auf der Basis vorgegebener Informationen (Texte, Tabellen, Graphiken) zu bewerten sind, wobei teils explizit, teils implizit gegebene Kriterien beachtet werden müssen. Aus kognitionspsychologischer Sicht ist zu erwarten, dass die Zuordnung zu „Handlungsschritten" hierbei weniger relevant ist als die logische Komplexität der Aufgaben. Die Zahl der zu beachtenden Informationseinheiten bzw. Bewertungskriterien bestimmt, wie stark das Arbeitsgedächtnis beim Lösen der Aufgaben beansprucht wird. Dies wiederum beeinflusst, zusammen mit der Art der Verknüpfung zwischen Kriterien, den Schwierigkeitsgrad (zu Schwierigkeitsfaktoren bei Problemlöseaufgaben vgl. generell Funke, 2003).

Die Schwierigkeitsunterschiede der 21 bei LAU-7 eingesetzten Aufgaben konnten nach Ebach, Klieme und Hensgen (1999, S. 13) in der Tat zu wesentlichen Teilen durch zwei Merkmale erklärt werden, die untereinander hoch korreliert waren: (a) die Anzahl der im Lösungsprozess zu berücksichtigenden Kriterien sowie (b) die Art der kognitiven Anforderung, wobei unterschieden wurde zwischen

– Bewerten einzelner Informationseinheiten nach wohldefinierten Kriterien,
– Ordnen von Elementen (z.B. hinsichtlich zeitlicher Abfolge),
– Integrieren und Kombinieren von Informationen.

Ähnlich wurden bei ALL Niveaus der kognitiven Anforderungen unterschieden und durch Expertenurteile eingeschätzt (Reeff, Zabal, & Klieme, 2004). Die Schwierigkeitsvarianz der 20 nach Erprobung verbliebenen Aufgaben konnte zu drei Vierteln durch folgende Einteilung erklärt werden:

– unmittelbare, inhaltsbezogene Schlussfolgerungen,
– Bewerten einzelner Informationseinheiten nach wohldefinierten Kriterien,
– Ordnen von Elementen und Berücksichtigung multipler Kriterien,
– kombinatorisches und „kritisches" Denken, bei dem mehrere Kriterien im Hinblick auf Vollständigkeit, Konsistenz und wechselseitige Abhängigkeiten untersucht werden müssen.

Auch beim internationalen PISA-Problemlöse-Test 2003 erwiesen sich die Anzahl der zu berücksichtigenden Einheiten (Variablen bzw. Komponenten eines zu analysierenden Systems) und die Art ihrer Verknüpfung (additiv vs. kombinatorisch) als schwierigkeitsbestimmende Faktoren, ergänzt um die Anzahl der zur Informationsdarstellung verwendeten Formate (wie z.B. Text, Zahlen, Graphiken) und die Offenheit versus Geschlossenheit des Antwortformats. Auf der Basis dieser Merkmale konnten die Aufgaben in drei Niveaus unterteilt werden, denen Kompetenzniveaus auf Seiten der Testbearbeiter entsprechen (Dossey u.a., 2004, sowie Leutner u.a., 2004, S. 149 ff.).

Der Test zum analytischen Problemlösen, der in der nationalen Erweiterung für PISA 2000 verwendet wurde, enthielt, wie im vorangehenden Abschnitt erläutert, nur sechs Aufgaben – zu wenig, um mehrere Kompetenzniveaus abzugrenzen. Eine Inspektion der Aufgabenkennwerte und -merkmale (vgl. Tab. 3.1) führt immerhin auf zwei Niveaus, die sich qualitativ recht deutlich unterscheiden: Wie in den Problemlöse-Tests von LAU und ALL, aber auch bei PISA 2003 wird das Niveau des analytischen Problemlösens wesentlich vom Umfang der Problemstellung (hier operationalisiert durch die Zahl der Einzel-

Nr.	Aufgabe	Anzahl der notwendigen Entscheidungen	Anzahl erwarteter Markierungen	Anteil Schüler, die mindestens ... % der Markierungen korrekt setzen		Aufgaben-schwierigkeit im Rasch-Modell
				50 %	100 %	
	Projekt: Energiesparen					
1	Informationen sammeln	20	10	0,21	0,19	617
2	Vorschläge sammeln	12	6	0,39	0,32	549
3	Temperaturen messen	4	1	0,70	0,58	426
4	Temperaturen vergleichen und neu einstellen	18	3	0,33	0,29	563
	Projekt: Schulgarten					
5	Termine planen	4	2	0,73	0,63	395
6	Pflanzen bewerten	13	9	0,29	0,24	589

Tabelle 3.1 Aufgabenmerkmale und Schwierigkeitskennwerte

entscheidungen) und von der Art der Verknüpfungen determiniert. Zwei leichte Aufgaben (Nr. 3 und Nr. 5 in der Tab. 3.1) verlangen, Termine bzw. Arbeitsschritte zeitlich zu ordnen, wobei jeweils nur vier Einzelentscheidungen zu fällen sind. Die vier schwierigeren Aufgaben verlangen hingegen jeweils 12 bis 20 Entscheidungen, die das Arbeitsgedächtnis vermutlich stark belasten; zudem müssen hier Optionen, zwischen denen Verbindungen und Ähnlichkeiten bestehen, vollständig und erschöpfend beurteilt werden, was auch komplexere Denkoperationen erforderlich macht. Wer auf der PISA-Skala einen Wert von 426 erreicht, kann die Aufgaben des unteren Niveaus lösen. Oberhalb eines Skalenwerts von 617 werden auch alle komplexeren Anforderungen beherrscht[3].

Zusammenfassend kann festgehalten werden, dass bislang vorgelegte analytische Problemlöse-Tests eine Art Lesekompetenzmessung mit besonders hohen Anforderungen an schlussfolgerndes Denken darstellen. Niveaustufen der Problemlösekompetenz unterscheiden sich hinsichtlich der Komplexität der Schlussfolgerungen, die bewältigt werden können. Die Komplexität der Schlussfolgerungen hängt vor allem davon ab, wie viele Informationseinheiten und Kriterien zu berücksichtigen und wie diese verknüpft sind. Bei PISA 2000 lassen sich zwei Niveaus abgrenzen: (1) Auf dem unteren Niveau können die Schülerinnen und Schüler Informationen nach einzelnen, wohldefinierten Kriterien bewerten und ordnen. (2) Auf dem höheren Niveau können sie mehrere Kriterien kombinieren und auf eine größere Zahl von Alternativen anwenden, beherrschen also auch komplexe Entscheidungssituationen.

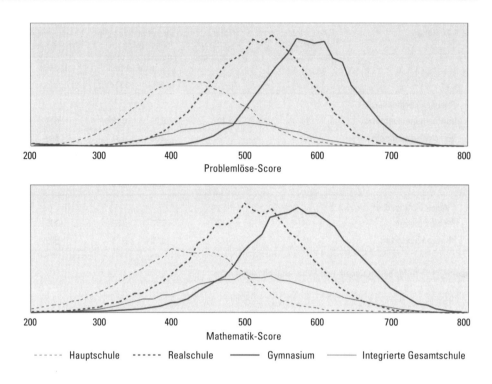

------ Hauptschule   ------ Realschule   ——— Gymnasium   ——— Integrierte Gesamtschule

Abbildung 3.2   Häufigkeitsverteilung der Testleistungen nach Bildungsgängen: Problemlösen (oben) im Vergleich zu Mathematik (unten)

3.3 Analytische Problemlösekompetenz in Abhängigkeit von Schulform, Bundesland und Geschlecht

Durch die Zugehörigkeit zu Schulformen (ohne Berücksichtigung von Berufs- und Förderschulen) lässt sich gut ein Drittel (genau 36 %) der Leistungsvarianz im analytischen Problemlösen aufklären – weniger als bei mathematischer Grundbildung (48 %) oder Lesekompetenz (57 %). Dies könnte damit zusammenhängen, dass schulische Entwicklungsmilieus die Problemlösekompetenz weniger stark beeinflussen als andere Leistungsdomänen. Allerdings muss berücksichtigt werden, dass der Problemlöse-Test mit ganzen sechs Aufgaben weniger reliabel ist als die internationalen PISA-Tests. Die Verteilungsfunktionen (Abb. 3.2) weisen auch innerhalb der Schulformen, vor allem im Gymnasium, für die Problemlösekompetenz eine niedrigere Varianz aus als für mathematische Leistungen; wiederum könnte hier eine eingeschränkte Differenzierungsfähigkeit der Problemlöse-Skala bei nur sechs Aufgaben wirksam werden. (Eine differenziertere Varianzzerlegung, die systematisch die Ebenen der Schulformen, Schulen und Schüler berücksichtigt, wird in Kap. 6 berichtet.) Bezogen auf die beiden Niveaustufen, die im vorigen Absatz definiert wurden, lässt sich feststellen: Das erste Niveau wird von etwa der Hälfte der Hauptschüler und von fast allen Gymnasiasten erreicht oder überschritten, das zweite Niveau von fast keinem der Hauptschüler, aber noch knapp einem Drittel der Gymnasiasten.

Leistungsunterschiede zwischen Bundesländern erklären bei PISA insgesamt recht wenig Varianz, da sich die Verteilungen erheblich überlappen. Auch hier fällt aber der Effekt beim Problemlösen (1,0 % Varianzaufklärung) niedriger aus als in der Mathema-

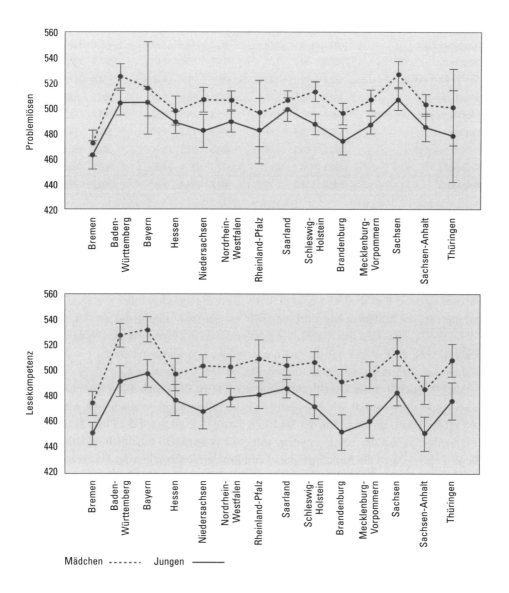

Abbildung 3.3   Testleistung nach Bundesland und Geschlecht: Mittelwert und Konfidenzintervalle für Problemlösen (oben) im Vergleich zu Lesekompetenz (unten)

Land	Insgesamt			Jungen			Mädchen		
	M	SD	SE	M	SD	SE	M	SD	SE
Bremen	467,2	109,2	4,21	462,7	106,1	5,63	471,9	112,3	5,09
Baden-Württemberg	513,2	95,7	3,71	503,9	96,3	4,85	524,9	93,5	4,79
Bayern	510,2	104,2	10,01	504,1	94,2	5,30	515,5	111,8	18,21
Hessen	492,7	98,9	3,85	488,3	102,0	4,43	497,6	94,8	5,75
Niedersachsen	493,4	99,5	4,60	481,7	101,5	6,53	506,3	95,5	4,90
Nordrhein-Westfalen	497,7	100,8	2,90	488,9	103,4	4,14	505,7	97,7	3,72
Rheinland-Pfalz	488,2	112,1	12,78	481,7	113,4	12,95	495,6	110,2	13,11
Saarland	502,2	98,1	3,36	498,6	95,9	4,68	505,8	100,1	3,80
Schleswig-Holstein	499,2	99,2	3,30	486,9	99,6	4,06	512,8	97,1	3,93
Brandenburg	484,4	85,6	3,82	473,4	86,6	5,23	495,1	83,2	4,27
Mecklenburg-Vorpommern	496,4	88,6	3,11	486,6	86,5	3,53	506,0	89,5	4,09
Sachsen	516,8	86,4	3,94	506,9	85,1	4,27	526,4	86,7	5,13
Sachsen-Anhalt	493,3	89,5	4,06	484,5	92,2	5,44	502,2	85,8	4,29
Thüringen	488,5	110,7	16,61	477,7	110,6	18,05	500,4	109,5	15,11
Insgesamt	500,0	100,0	1,79	491,6	99,4	1,67	509,2	98,9	3,19

Tabelle 3.2   Verteilung der Problemlöseleistung nach Bundesland und Geschlecht

tik (2,1 %) oder bei der Lesekompetenz (1,9 %). Abbildung 3.3 verdeutlicht, dass ein Länder*ranking* beim Problemlösen etwa zu denselben Ergebnissen führt wie bei der Lesekompetenz; die Unterschiede sind lediglich im Ausmaß abgeschwächt. Auf Länderebene (n = 14) korreliert das analytische Problemlösen mit dem mittleren Niveau der Lesekompetenz zu r = .74, mit der mathematischen Grundkompetenz zu r = .85. (Die exakten Kennwerte für das Problemlösen sind in Tab. 3.2 abzulesen.)

Auch hinsichtlich der Geschlechterunterschiede ist die Problemlösekompetenz der Lesekompetenz verwandt, wie Abbildung 3.3 bzw. Tabelle 3.2 ebenfalls zeigen. Allerdings beträgt der Leistungsvorsprung der Mädchen ganze 18 Punkte auf der PISA-Skala, deutlich weniger als bei der Lesekompetenz mit etwa 35 Punkten. Inhaltlich erklärbar wäre dieser Befund durch die Annahme, dass beim Problemlösen neben der Lesekompetenz, die klar eine Stärke der Mädchen ist, auch andere Fähigkeiten eine Rolle spielen, bei denen Jungen im Durchschnitt ein ebenbürtiges oder gar (wie in Raumvorstellungsfähigkeiten und Mathematik) leicht besseres Niveau erreichen.

3.4   Fazit

Das Konzept der so genannten Projektaufgaben, das im PISA-2000-Haupttest verwendet wurde, stellt den Versuch dar, analytische Problemlösefähigkeiten fachunabhängig mit Papier-und-Bleistift-Verfahren zu messen. Im Kern geht es darum, komplexe Planungen und Entscheidungen aus lebensweltlichen Kontexten wie zum Beispiel die Organisation einer Klassenfahrt durch eine Abfolge schriftlicher Aufgaben zu simulieren. Das Konzept hat sich bei PISA 2000 wie auch in anderen nationalen und internationalen Leistungsstudien bewährt. Es ist also möglich, Problemlösekompetenz durch situierte Aufgabenstellungen zu erfassen und nach denselben psychometrischen Methoden wie andere PISA-Skalen auf einer Dimension mit abgestuften Kompetenzniveaus abzubilden.

Eine genaue Analyse der Anforderungen zeigt, dass das Kompetenzniveau bei diesem Test im Wesentlichen durch die Komplexität von Operationen des schlussfolgernden Denkens bestimmt wird. Art und Anzahl von Bewertungs- bzw. Entscheidungsschritten und deren Verknüpfung bestimmen, wie schwierig eine Aufgabe ist. Dies ergibt sich aus den Anforderungsanalysen und Niveaubeschreibungen von PISA 2000 und ähnlichen Studien. Damit hat der Test zum analytischen Problemlösen – auch wenn er eine eigenständige Skala bildet – eine gewisse Nähe zur Messung der Lesekompetenz einerseits, zu Intelligenztests andererseits (vgl. Kap. 5). Er misst die Fähigkeit, schriftliche Informationen für Planungen und Entscheidungen zu nutzen und zu kombinieren, aber er kann nicht erfassen, ob jemand in der Lage ist, problemlösend zu handeln. Hierzu sind andere, handlungsnähere Verfahren erforderlich, zum Beispiel computerbasierte Problemlöse-Tests (siehe Kap. 4), Problemlösen in Kleingruppen (Kap. 7) oder andere Varianten des *Performance-Based Assessment*.

Tendenziell scheint das analytische Problemlösen etwas weniger deutlich von der schulischen Lernumgebung abzuhängen als andere, schulspezifische Leistungsdimensionen. Grundsätzlich sind aber hinsichtlich der Erklärung von Problemlösekompetenz, ihres Zusammenhangs mit psychosozialen und schulischen Faktoren ähnliche Resultate zu erwarten wie bei der Lesekompetenz. Dies zeigen die deskriptiven Daten des vorliegenden Kapitels; Kapitel 6 präsentiert ergänzende analytische Befunde.

Die Projektaufgaben im Allgemeinen und speziell der PISA-2000-Test demonstrieren somit die Möglichkeiten, aber auch die Begrenzungen, denen Leistungsstudien mit ausschließlich schriftlichen Verfahren unterliegen, wenn sie allgemeine, fachübergreifende Problemlösekompetenzen erfassen sollen.

Anmerkungen

[1] Zu Stichprobe und Design der Erhebung vgl. Baumert u.a., 2002.

[2] Wie in PISA üblich, werden die Testwerte der einzelnen Schülerinnen und Schüler als so genannte *Plausible Values* geschätzt, unter Einbeziehung von Hintergrundvariablen. So lassen sich unverzerrte Schätzer für Varianzen, Kovarianzen und Korrelationen mit möglichen Einflussgrößen in der Gesamtpopulation ermitteln, auch wenn einzelne Messwerte fehlen. Die nachfolgenden Befunde beruhen, wie üblich, auf der Kombination der Berechnungen für fünf verschiedene *Plausible Values*.

3   In Anlehnung an PISA, setzen wir als Kriterium für die Beherrschung einer Testauf-
    gabe eine Lösungswahrscheinlichkeit von 65 Prozent an. Die in Tabelle 3.1 eingetra-
    genen Schwierigkeitskennwerte bezeichnen jenen Punkt auf der Kompetenzskala, an
    dem diese Lösungswahrscheinlichkeit erreicht wird.

Joachim Wirth und Joachim Funke

4 Dynamisches Problemlösen: Entwicklung und Evaluation eines neuen Messverfahrens zum Steuern komplexer Systeme

4.1 Einleitung

In Kapitel 1 wurden analytische und dynamische Probleme voneinander unterschieden. Bei analytischen Problemen sind zu Beginn alle für die Lösung relevanten Informationen über den aktuellen und den herbeizuführenden Zustand entweder gegeben, oder sie können auf der Basis der gegebenen Informationen erschlossen werden. Diese Informationen verändern sich im Laufe des Problemlöseprozesses nicht. Es sind *statische* Probleme, deren Lösung die Entscheidung für eine richtige Operation oder die korrekte Kombination mehrerer Operationen erfordert. Diese Entscheidung erfolgt auf der Grundlage genauer Analysen der Informationen, durch die der Anfangs- und der Zielzustand und die möglichen Zwischenzustände definiert sind. Die für diese Analysen notwendigen Aspekte des Problemlösens wurden bereits in Kapitel 3 ausführlich beschrieben.

Der andere Problemtyp ist durch die Dynamik und Interaktivität der Situation gekennzeichnet. Die Aufgabe beim dynamischen Problemlösen besteht in der Steuerung eines unbekannten dynamischen und mehr oder weniger komplexen Systems. Zu Beginn sind die für die Systemsteuerung relevanten Informationen zu einem großen Teil weder verfügbar noch erschließbar, sondern müssen durch die Interaktion mit dem System erst in Form von Veränderungen des Systemzustands erzeugt werden. Der Problemlöser muss diese Informationen dann kontinuierlich verarbeiten und bewerten, ob die getätigten Eingriffe zum Ziel führen oder nicht. Da dynamische Systeme meist auch sehr komplex sind und das Wissen über ihre Struktur die Grenzen des Arbeitsgedächtnisses überschreitet, sind bei diesem Problemtyp Aspekte des (selbstregulierten) Lernens meist eine notwendige Voraussetzung für die erfolgreiche Steuerung des Systems.

Damit müssen beim dynamischen Problemlösen zwei Hauptanforderungen unterschieden werden, die durch unterschiedliche Prozesse und Handlungen zu bewältigen sind (vgl. Funke, 2003, Abschnitt 5.2). Zum einen muss Wissen über das System interaktiv erworben werden. Zum anderen muss Wissen im Rahmen der zielgerichteten Systemsteuerung angewandt werden. In realen Problemsituationen müssen diese beiden Anforderungen meist gleichzeitig bewältigt werden. So kann zum Beispiel ein Bürgermeister nicht zunächst lange Zeit ausschließlich damit verbringen, die Strukturen seiner Stadt und aller ihrer Subsysteme kennen zu lernen, bevor er Entscheidungen trifft und beginnt, die (Sub-)Systeme zu regulieren (Dörner u.a., 1983; siehe auch Kap. 1). Er muss von Beginn an versuchen, die einzelnen Systeme in einen optimalen Zustand zu steuern und sie dort zu halten. Für eine genaue Diagnose der beiden Fähigkeitskomponenten des Wissenserwerbs und der Wissensanwendung empfiehlt es sich jedoch, sie getrennt voneinander zu messen.

Für die Erfassung dynamischer Aspekte von Problemlösefähigkeit besteht damit die Notwendigkeit, ein Verfahren zur Verfügung zu stellen, bei dem der Problemlöser zum einen seine Fähigkeit unter Beweis stellen kann, durch Interagieren mit einem unbekannten komplexen und dynamischen System Wissen über dessen Struktur und die Möglichkeiten seiner Steuerung zu erwerben. Zum anderen muss er zeigen können, dass er das einmal erworbene Wissen auch für eine zielgerichtete Steuerung des Systems erfolgreich anzuwenden weiß. Für die Erfassung sowohl des interaktiven Wissenserwerbs als auch der zielgerichteten Wissensanwendung muss das Verfahren auf die jeweiligen Handlungen und Eingriffe des Problemlösers reagieren, indem es seinen Zustand ändert und dem Problemlöser Informationen über diese Zustandsänderungen zurückmeldet. Papier-und-Bleistift-Verfahren, wie sie für die Erfassung analytischer Aspekte des Problemlösens genutzt werden konnten, sind nicht dazu in der Lage, diese Interaktionen zwischen Problemlöser und zu steuerndem System zu simulieren und zu erfassen. Es muss in diesem Fall auf computerbasierte Simulationen komplexer und dynamischer Systeme zurückgegriffen werden. Diese können so programmiert werden, dass sie genau diese Anforderungen erfüllen. Zudem bieten sie die Möglichkeit, nicht nur Produktmaße für den Erfolg des Wissenserwerbs und die Wissensanwendung zur Verfügung zu stellen. Zusätzlich können verhaltensbasierte Prozessmaße der Regulationsgüte beim Wissenserwerb und bei der Wissensanwendung implementiert werden. Solche Prozessmaße sind im Rahmen von *Large-Scale Assessments* wie PISA ein Novum und auch in der experimentellen psychologischen Forschung nur selten realisiert worden. Sie sind jedoch für das Aufdecken von Ansatzpunkten zur Förderung dynamischer Aspekte des Problemlösens von unschätzbarem Wert.

4.2 Instrument und Leistungsmaße

4.2.1 Komplexes und dynamisches System

Im Feldtest 1999 wurden insgesamt drei verschiedene computerbasierte Verfahren zur Erfassung dynamischer Problemlöseaspekte erprobt (siehe Kap. 2), von denen zwei in der Haupterhebung 2000 in weiter optimierten Versionen zum Einsatz kamen. Das war zum einen das Raumfahrtspiel (Funke, Töpfer, & Wagener, 1998), zum anderen das ursprünglich von Schrettenbrunner entwickelte System „Hunger in Nordafrika" (Leutner & Schrettenbrunner, 1989), das von Leutner für PISA adaptiert wurde (vgl. die Ausführungen zum Ökologie-Planspiel in Kap. 2). Die Struktur des Raumfahrtspiels ist formal vollständig beschreibbar, was für die Struktur des Ökologie-Planspiels aufgrund seiner hohen Komplexität nur schwer bzw. gar nicht möglich ist. Die vollständige formale Beschreibbarkeit des Raumfahrtspiels ermöglichte es, innovative Maße der Handlungsregulation zu konstruieren und somit tiefergehende und zuverlässige Analysen von Wissenserwerbs- und Wissensanwendungsprozessen durchzuführen. Diese Maße unterscheiden sich von den Maßen, wie sie im Feldtest 1999 erprobt wurden, und stellen eine konsequente Weiterentwicklung des dort erprobten Instruments dar. Kapitel 4 beschäftigt sich ausschließlich mit diesen weiterentwickelten Maßen. Auf die Darstellung der Ergebnisse, die mit dem System des Ökologie-Planspiels erzielt wurden, wird deshalb an dieser Stelle verzichtet.

Abbildung 4.1 zeigt die Bildschirmoberfläche des Raumfahrtspiels. Als zu steuernde Subsysteme stehen eine Rakete und ein Planetenfahrzeug zur Verfügung, die analoge Strukturen aufweisen. Mit der Rakete kann zwischen vier Planeten hin- und hergeflogen

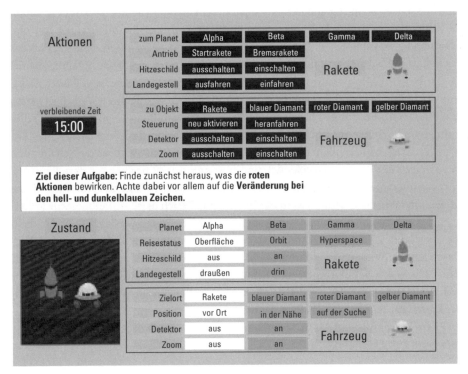

Die hier schwarz abgebildeten Aktionen wurden in der Studie als rote Schaltflächen präsentiert. Die hier weiß abgebildeten Zeichen wurden in der Studie hellblau, die hier grauen Zeichen wurden in der Studie dunkelblau präsentiert.

Abbildung 4.1   Bildschirmoberfläche des Heidelberger Finiten Automaten

werden, auf jedem dieser Planeten kann mit dem Planetenfahrzeug zu jeweils drei Diamanten und der Rakete gefahren werden. In der oberen Hälfte des Bildschirms sind die Menge der Schalter (rote Schaltflächen) dargestellt. Die Rakete und das Fahrzeug werden gesteuert, indem mit der Computermaus diese roten Schalter angeklickt werden. In der unteren Hälfte geben blaue Anzeigen durch einen Farbwechsel von Dunkel- zu Hellblau an, in welchem Zustand sich die Rakete und das Planetenfahrzeug befinden. Diese Anzeigen ändern ihre Farbe nur als Reaktion auf das Drücken eines roten Schalters. Das direkte Anklicken dieser Ausgabesignale führt zu keiner Zustandsänderung des Systems. Im Beispiel in Abbildung 4.1 befindet sich die Rakete auf der Oberfläche des Planeten Alpha, ihr Hitzeschild ist ausgeschaltet und ihr Landegestell ist ausgefahren. Das Planetenfahrzeug befindet sich direkt bei der Rakete mit ausgeschaltetem Detektor und Zoom.

Das Raumfahrtspiel ist so konstruiert, dass es insgesamt 116 verschiedene Zustände annehmen kann, in denen jeweils 20 verschiedene Schalter als Eingriffsmöglichkeiten zur Verfügung stehen. Mit diesen insgesamt 116 × 20 = 2.320 verschiedenen Eingriffsmöglichkeiten simuliert das Raumfahrtspiel ein durchaus komplexes und dynamisches System.

Um die Fähigkeiten zum interaktiven Wissenserwerb einerseits und zur zielgerichteten Wissensanwendung andererseits separat voneinander messen zu können, hatten die Schülerinnen und Schüler zuerst 15 Minuten Zeit, das Raumfahrtspiel frei und selbstständig zu explorieren. Die in der Haupterhebung 2000 eingesetzte Version des Spiels unterschied sich von der Version des Feldtests 1999 (vgl. Kap. 2) dahingehend, dass in diesen 15 Minuten die beiden Subsysteme des Spiels (Rakete bzw. Planetenfahrzeug) nicht durchgehend zu explorieren waren. Vielmehr wurde diese Wissenserwerbsphase in drei fünfminütige Phasen aufgeteilt. In der ersten Phase explorierten die Schülerinnen und Schüler ausschließlich die Rakete; die Schalter und die Anzeigen des Planetenfahrzeugs wurden nicht präsentiert. In der zweiten Phase wurden die Schalter und die Anzeigen der Rakete ausgeblendet, und es konnte ausschließlich mit dem Planetenfahrzeug interagiert werden. In der dritten Phase standen schließlich beide Subsysteme für den interaktiven Wissenserwerb zur Verfügung. Durch diese Aufteilung wurde zum einen der selbstregulierte interaktive Wissenserwerb gegenüber der Feldtestversion deutlich erleichtert. Zum anderen konnte so der Einfluss unterschiedlicher Arten von Vorwissen auf den Wissenserwerb untersucht werden (siehe Wirth, 2004): Während in der ersten Phase den Schülerinnen und Schülern kein systemspezifisches Vorwissen zur Verfügung stehen konnte, verfügten sie in der zweiten Phase aufgrund der analogen Strukturen der Rakete und des Planetenfahrzeugs über analoges Vorwissen. In der dritten Phase konnten sie auf das in den ersten beiden Phasen erworbene systemspezifische Vorwissen zurückgreifen.

4.2.2 Erfolg des Wissenserwerbs und der Wissensanwendung

Welches und wie viel Wissen sich die Schülerinnen und Schüler in den drei Phasen des Wissenserwerbs aneignen konnten, wurde direkt im Anschluss an die dritte Phase des

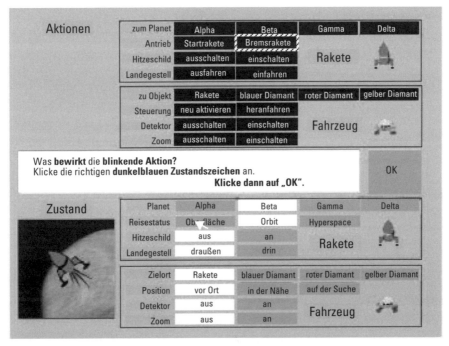

Die hier schwarz abgebildeten Aktionen wurden in der Studie als rote Schaltflächen präsentiert. Die hier weiß abgebildeten Zeichen wurden in der Studie hellblau, die hier grauen Zeichen wurden in der Studie dunkelblau präsentiert. Bei der Aufgabenpräsentation blinkte der gestreift umrandete Schalter.

Abbildung 4.2a   Aufgaben der Erfolgsmaße, prospektive Aufgabe

Wissenserwerbs in einem Wissenserwerbstest gemessen. Der Test bestand aus jeweils acht Interpolations- und prospektiven Aufgaben (Funke & Buchner, 1992; siehe Abb. 4.2a). Danach wurden die Jugendlichen vor bis zu 22 Steuerungsaufgaben gestellt, in denen sie jeweils ihr Wissen zur Erreichung des Aufgabenziels anwenden mussten (Abb. 4.2b). Der prozentuale Anteil richtig beantworteter Interpolations- und prospektiver Aufgaben ist ein *Erfolgsmaß für den interaktiven Wissenserwerb,* der Anteil erreichter Steuerungsziele ein *Erfolgsmaß für die zielgerichtete Anwendung* des erworbenen Wissens. Beide Indikatoren für die Fähigkeit zum interaktiven Wissenserwerb bzw. für die Fähigkeit zur zielgerichteten Wissensanwendung wurden bereits im Feldtest erprobt und hatten sich dort bewährt (vgl. Kap. 2).

Erfolgsmaße messen ausschließlich den Erfolg. Sie sind nicht geeignet, den Weg zu beschreiben, der zu diesem Erfolg geführt hat. Will man jedoch nicht nur Aussagen darüber treffen, ob eine Person erfolgreich war oder nicht, sondern auch Erkenntnisse darüber gewinnen, wieso sie erfolgreich oder nicht erfolgreich war, sind Informationen über diesen Weg und seine Güte notwendig. Diese können zum Beispiel durch den Einsatz von Regulationsmaßen gewonnen werden.

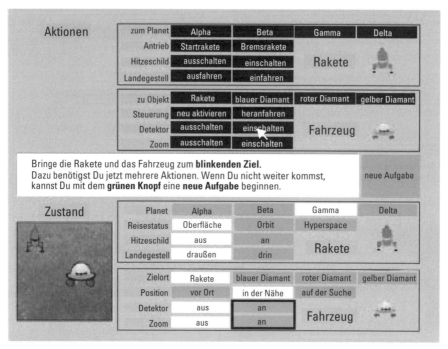

Die hier schwarz abgebildeten Aktionen wurden in der Studie als rote Schaltflächen präsentiert. Die hier weiß abgebildeten Zeichen wurden in der Studie hellblau, die hier grauen Zeichen wurden in der Studie dunkelblau präsentiert. Bei der Aufgabenpräsentation blinkten die schwarz umrandeten Anzeigen.

Abbildung 4.2b   Aufgaben der Erfolgsmaße, Steuerungsaufgabe

4.2.3 Regulation des Wissenserwerbs und der Wissensanwendung

Für den Prozess des Wissenserwerbs wurde ein Maß entwickelt (so genanntes „$\log_{(or)}$"-Maß; gesprochen: „log-o-r-Maß"), das auf der Basis von Verhaltensdaten die selbstbestimmte Lernregulation erfasst (Wirth, 2004; siehe auch Anhang A). Das Maß basiert auf der Unterscheidung zweier Anforderungen, die ein Lerner beim interaktiven Wissenserwerb zu bewältigen hat. Zum einen muss er neu zu erwerbende Informationen im Umgang mit dem System entdecken bzw. in Form von Feedbackinformationen generieren. Die dafür notwendigen Lernhandlungen werden unter dem Begriff „Identifizieren" gefasst. Strategien und Vorgehensweisen, die erfolgreich mit diesem Ziel eingesetzt werden können, werden in der Literatur zum *Scientific Discovery Learning* (z.B. Klahr & Dunbar, 1988; van Joolingen & de Jong, 1997) bzw. des *Inquiry Learning* (z.B. Keselman, 2003; White, Shimoda, & Frederiksen, 2000) beschrieben. Zum anderen muss der Lerner dafür Sorge tragen, dass er einmal identifizierte Informationen nicht wieder vergisst, sondern in späteren Anwendungssituationen sicher und leicht abrufen und nutzen kann. Lerntätigkeiten, die mit diesem Ziel ausgeübt werden, können unter dem Begriff „Integrieren" zusammengefasst werden. Strategien hierfür werden in der Literatur zum selbstregulierten Lernen (z.B. Artelt, 2000; Baumert & Köller, 1996; Mandl & Friedrich, 1992; Schreiber, 1998) bzw. zum Erwerb von Fertigkeiten (z.B. Anderson, 1983, 1996) untersucht. Lernhandlungen, die dem Identifizieren neuer Informationen dienen, unterscheiden sich jedoch von Lernhandlungen, die das Integrieren zum Ziel haben. Insofern steht ein Lerner im Umgang mit einem unbekannten komplexen und dynamischen System fortwährend vor der Entscheidung, *entweder* identifizierende *oder* integrierende Eingriffe auszuüben, wodurch sich die Notwendigkeit zur Handlungsregulation ergibt.

Das $\log_{(or)}$-Maß erfasst für bestimmte Zeitintervalle, ob ein Lerner den Lernprozess stärker auf das Identifizieren von Informationen ausrichtet oder stärker das Integrieren von Informationen zum Ziel hat. Wird der gesamte Lernprozess in mehrere Zeitintervalle unterteilt, kann damit der Verlauf der Lernprozessregulation beschrieben werden. Für alle drei Phasen des Wissenserwerbs wurde jeweils ein solcher Regulationsverlauf abgebildet und mithilfe latenter Wachstumskurven modelliert (Wirth, 2004; siehe auch Anhang A). In diesem Bericht beschränken wir uns auf die Darstellung des Regulationsverlaufs der mittleren Phase, in der analoges Vorwissen zur Verfügung stand. In dieser Phase kann die Lernprozessregulation am zuverlässigsten erhoben werden, da für diese Phase keine unkontrollierten Vorwissenseffekte angenommen werden müssen. Die Analysen zu Vorwissenseffekten sowie detaillierte Darstellungen der Regulationsverläufe in der ersten und dritten Phase sind an anderer Stelle bereits veröffentlicht (Wirth, 2004). Als *Gütemaß für die Regulation des Wissenserwerbs* wird der Wert des Steigungsfaktors des latenten Wachstumskurvenmodells für die mittlere Phase herangezogen (Anhang A; siehe auch Abschnitt 4.5). Dieser Steigungsfaktor ist ein echtes verhaltensbasiertes Prozessmaß und damit ein Novum im Rahmen von *Large-Scale Assessments*.

Eine optimale Regulation der zielgerichteten Wissensanwendung ist dann gegeben, wenn ein Schüler oder eine Schülerin sein bzw. ihr erlerntes Wissen über Eingriffsmöglichkeiten und ihre Effekte immer so nutzt, dass durch einen Eingriff der Abstand zum vorgegebenen Ziel kleiner wird. Für die Bewertung der Regulationsgüte bei der Wissensanwendung wurde daher ein dem $\log_{(or)}$-Maß für den Wissenserwerb entsprechendes $\log_{(or)}$-Maß für die Wissensanwendung entwickelt, das einen Wert von null annimmt, wenn genauso häufig optimale Eingriffe ausgeführt wurden, wie optimale Eingriffe bekannt waren (Anhang B). Ein negativer Wert des Maßes zeigt an, dass der Problemlöser mehr optimale Eingriffe kannte, als er ausgeführt hat, ein positiver Wert signalisiert eine bessere Regulation der Wissensanwendung, als aufgrund der Bekanntheit der Eingriffe zu erwarten war.

Das *Gütemaß für die Regulation der Wissensanwendung* wurde über alle Eingriffe hinweg berechnet, die ein Schüler bzw. eine Schülerin innerhalb der zur Verfügung stehenden Zeit bei der Bearbeitung der bis zu 22 Steuerungsaufgaben getätigt hat. Dies war notwendig, da zum einen nicht alle Schülerinnen und Schüler die gesamte Zeit benötigten, um die 22 Steuerungsaufgaben zu lösen, zum anderen aber auch manche Problemlöser es nicht schafften, alle 22 Aufgaben innerhalb der zur Verfügung stehenden

Zeit zu bearbeiten. Dadurch kann die Regulation der Wissensanwendung jedoch nur durch einen einzigen $\log_{(or)}$-Wert bewertet werden. Bei der Erfassung der Regulation des Wissenserwerbs konnte der Wissenserwerbsprozess in mehrere Zeitintervalle unterteilt und somit mit mehreren $\log_{(or)}$-Werten abgebildet werden. Das Regulationsmaß des Wissenserwerbs ist somit ein Verlaufsmaß, während das Regulationsmaß der Wissensanwendung diese nicht in Bezug auf ihren Verlauf, sondern hinsichtlich ihrer Gesamtgüte beurteilt.

4.3 Stichprobe und Durchführung

Die Erhebung mittels der computerbasierten Testverfahren fand an einem zusätzlichen dritten Testtag statt. In der Stichprobe des dritten Testtags waren 30 Schulen aus drei deutschen Bundesländern vertreten, in denen primär das dreigliedrige Schulsystem installiert ist[1]. In den drei Landesstichproben waren die drei Schulformen Hauptschule, Realschule und Gymnasium entsprechend ihrem Anteil innerhalb des jeweiligen Landes proportional vertreten. Die Gesamtstichprobe des dritten Testtags setzte sich aus 22 Prozent Hauptschülern, 43 Prozent Realschülern und 35 Prozent Schülerinnen und Schülern des Gymnasiums zusammen. Insgesamt bearbeiteten 346 Schülerinnen und 342 Schüler das Raumfahrtspiel. Das durchschnittliche Alter lag bei 15,7 Jahren (SD = 0,59).

Auch wenn die Verteilung auf die drei Haupt-Schulformen ungefähr dem Anteil in den einbezogenen Bundesländern entspricht, kann für die Stichprobe keine Repräsentativität für die deutsche Schülerschaft angenommen werden. Aussagen über einzelne Subpopulationen oder gar Vergleiche verschiedener Länderpopulationen sind daher nicht sinnvoll. Die fehlende Repräsentativität ist jedoch kein Manko dieses Testteils von PISA 2000, da dieser ja nicht auf Vergleichsanalysen abzielte, sondern die Entwicklung und Evaluation eines neuen Testverfahrens im Auge hatte. Für solche Evaluationszwecke ist die Stichprobe sehr wohl geeignet.

Der dritte Testtag wurde an den Schulen zwischen einer und vier Wochen nach den ersten beiden Testtagen durchgeführt. Dafür bereiste ein mit 30 identisch konfigurierten Laptop-PCs ausgestattetes Team des Max-Planck-Instituts für Bildungsforschung die 30 Schulen. Die Erhebungen fanden als Gruppensitzung innerhalb eines Schulraums statt und wurden immer von zwei Testleiterinnen bzw. Testleitern geleitet. Innerhalb einer Sitzung bearbeiteten alle Schülerinnen und Schüler zunächst das Raumfahrtspiel und danach, nach einer kurzen Pause, das Ökologie-Planspiel.

Nachdem die Testleitung das Raumfahrtspiel gestartet hatte, wurden alle Instruktionen rein computerbasiert präsentiert. In einer kurzen Einleitung wurde die Bildschirmoberfläche mit den roten Schaltern und den blauen Anzeigen erläutert, ohne dass bereits Eingriffe getätigt werden konnten. Danach wurden die Schalter und Anzeigen der Rakete präsentiert, und die Schüler hatten fünf Minuten Zeit, dieses System zu explorieren. Alle dafür notwendigen Eingriffe konnten ausschließlich mit der Computermaus vorgenommen werden. Nach dieser ersten Phase des Wissenserwerbs hatten die Schüler fünf Minuten Zeit, mit dem simulierten Planetenfahrzeug zu interagieren. Danach wurden ihnen sowohl die Rakete als auch das Planetenfahrzeug zur Exploration präsentiert. Direkt im Anschluss bearbeiteten die Schülerinnen und Schüler den Wissenserwerbstest, dessen zweimal acht Fragen auch direkt am Bildschirm gestellt wurden. Für die Beantwortung standen maximal 10,5 Minuten zur Verfügung. Anschließend wurden innerhalb von maximal 13 Minuten bis zu 22 Steuerungsaufgaben gestellt, bei denen die Schülerinnen und Schüler das zuvor erworbene und im Wissenserwerbstest unter Beweis gestellte Wissen so zielgerichtet anwenden mussten, dass das Raumfahrtspiel einen vorgegebenen Zielzustand annahm. Nach diesem Wissensanwendungstest hatten die Schülerinnen und Schüler eine längere Pause, bevor sie das Ökologie-Planspiel bearbeiteten.

Alle Aktionen, die ein Schüler oder eine Schülerin mit der Computermaus ausführte, wurden automatisch durch den Computer aufgezeichnet und in ein so genanntes *Logfile* geschrieben. Diese Verhaltensdaten sind die Grundlage für die folgenden Analysen.

4.4 Eigenschaften/Qualität des Messinstruments

4.4.1 Reliabilität

Für die Erfassung des Erfolgs des Wissenserwerbs wurden den Schülerinnen und Schülern nach der dreimal fünfminütigen Exploration acht Interpolations- und acht prospektive Aufgaben gestellt. Skalenanalysen offenbarten, dass die jeweils erste Interpolations- bzw. prospektive Aufgabe eine geringe Trennschärfe aufweist, was vermutlich auf die Unbekanntheit des Itemformats zurückzuführen ist. Zu jeder dieser Aufgaben gab es im Test eine Parallelaufgabe. Für die Berechnung des Erfolgsmaßes für den Wissenserwerb wurden die jeweils erste Aufgabe und die dazu gehörige Parallelaufgabe ausgeschlossen. Die resultierende Skala weist mit Cronbachs $\alpha = .78$ bei zwölf Items eine zufriedenstellende interne Konsistenz auf und kann damit als reliabel eingestuft werden.

Die Skala, die sich aus allen 22 Steuerungsaufgaben für die Bewertung des Anwendungserfolgs bilden lässt, ist mit Cronbachs $\alpha = .92$ ebenfalls sehr reliabel.

Die beiden Maße für die Regulationsgüte des Wissenserwerbs bzw. der Wissensanwendung werden nicht klassisch als Summe oder Prozentwert berechnet. Insofern lässt sich die Reliabilität dieser Maße auch nicht klassisch im Sinne interner Konsistenz bestimmen. Analysen von Wirth (2004) zu Vorwissenseffekten und Intervallgrößen lassen jedoch den Schluss zu, dass auch die Reliabilitäten dieser Maße als ausreichend angesehen werden können.

4.4.2 Schwierigkeit

Für die Erfolgsmaße konnte bereits im Feldtest 1999 gezeigt werden, dass sie eine für die untersuchte Population angemessene Schwierigkeit aufweisen (Kap. 2). Aufgrund dessen, dass in der Haupterhebung 2000 der Erwerb von Wissen durch die drei fünfminütigen Explorationsphasen gegenüber dem Feldtest 1999 stärker vorstrukturiert und damit erleichtert worden war, verwundert es nicht, dass die Schülerinnen und Schüler im Durchschnitt einen höheren Erfolg beim Wissenserwerb aufweisen als im Feldtest (Tab. 4.1). Zum Teil ist dieser erhöhte Wert jedoch auch auf den Ausschluss des jeweils ersten Interpolations- bzw. prospektiven Items samt ihrer Parallelaufgaben zurückzuführen.

Die Skalen für den Erfolg beim interaktiven Erwerb und der zielgerichteten Anwendung von Wissen sind zwar etwas zu leicht. Sie weisen jedoch eine angemessene Streuung auf, weshalb nicht mit Deckeneffekten oder anderen Effekten eingeschränkter Varianz zu rechnen ist. Für die Regulationsmaße des Wissenserwerbs und der Wissensanwendung lassen sich Schwierigkeiten im klassischen Sinne nicht angeben.

	Mittelwert	Standard-abweichung	Empirisches Minimum	Empirisches Maximum
Lernregulation	0,57	0,22	−0,10	1,27
Lernerfolg	0,64	0,22	0,00	1,00
Anwendungsregulation	−1,67	0,99	−5,02	0,58
Anwendungserfolg	0,66	0,26	0,00	1,00

Tabelle 4.1   Deskriptive Statistik der vier Maße dynamischen Problemlösens

4.4.3 Fairness

Wenn die vorgestellten Erfolgs- und Regulationsmaße gute Indikatoren für die Fähigkeit zum dynamischen Problemlösen sein sollen, dann ist zu fordern, dass ihr jeweiliger Wert von anderen Fähigkeiten oder Personenmerkmalen, die nicht Teil des dynamischen Problemlösekonstrukts sind, weitestgehend unabhängig ist. Zu solchen konstruktfernen Merkmalen zählen beispielsweise das Geschlecht oder auch die Erfahrung im und das Interesse am Umgang mit Computern (siehe auch Kap. 2). Für eine ausreichende Fairness ist zu fordern, dass Korrelationen zwischen Maßen des dynamischen Problemlösens und konstruktfremden Maßen möglichst niedrig, auf alle Fälle jedoch unter r = .30 liegen sollten. Die entsprechenden Koeffizienten statistisch bedeutsam gewordener Korrelationen sind in Tabelle 4.2 angeführt.

Es zeigt sich, dass Interesse an Computern und Computererfahrung in keinem praktisch bedeutsamen Zusammenhang mit den Leistungen beim computerbasiert erfassten dynamischen Problemlösen stehen. Ebenso scheint niemand aufgrund eingeschränkter Zugangs- oder Nutzungshäufigkeiten in seinen dynamischen Problemlöseleistungen

	Geschlecht[1]	Computer-erfahrung	Computer-interesse	Zugang		Nutzung	
				zu Hause	in der Schule	zu Hause	in der Schule
Lernregulation	0,13	0,12				0,09	
Lernerfolg		0,10			−0,11		
Anwendungsregulation	0,29	0,12	0,08	0,13		0,15	
Anwendungserfolg	0,26	0,19	0,14	0,15	−0,09	0,21	−0,09

[1] Kodierung: 0 = weiblich, 1 = männlich.

Es sind nur statistisch bedeutsame Korrelationen angegeben ($p < .05$).

Tabelle 4.2 Korrelationen der Maße dynamischen Problemlösens mit konstruktfremden Variablen

benachteiligt zu werden, auch wenn der Zugang und die Nutzungshäufigkeit eines Computers zu Hause in einem leichten positiven Zusammenhang mit der Anwendungsregulation und dem Anwendungserfolg stehen. Es könnten sich hier eventuelle Ähnlichkeiten zwischen dem Raumfahrtspiel und so manchem zu Hause gespieltem Computerspiel offenbaren. Für eine Prüfung dieser These stehen jedoch keine geeigneten Daten zur Verfügung. Zudem sind die Zusammenhänge praktisch von eher geringer Bedeutung.

Das Geschlecht steht in leichtem Zusammenhang mit der Wissensanwendung. Jungen erzielen in den Maßen für die Anwendungsregulation und den Anwendungserfolg tendenziell höhere Werte als Mädchen, was die Beobachtungen im Feldtest repliziert. Jedoch ist auch dieser Zusammenhang mit $r < .30$ recht gering, sodass nicht von einem bedeutsamen Geschlechtereffekt ausgegangen werden muss. Den Maßen kann demzufolge eine gewisse Fairness gegenüber Jungen und Mädchen zugesprochen werden.

4.5 Regulation des Wissenserwerbs

In diesem Kapitel beschäftigen wir uns etwas eingehender mit der Regulation des Wissenserwerbs und hierbei insbesondere mit den Unterschieden zwischen erfolgreichen und weniger erfolgreichen Problemlösern im Umgang mit dem komplexen und dynamischen System, wie es durch das Raumfahrtspiel simuliert wird. Diese Analysen dienen dem Zweck, Ansatzpunkte zur Förderung des selbstregulierten interaktiven Wissenserwerbs im Umgang mit komplexen und dynamischen Systemen aufzudecken.

In Abbildung 4.3 sind drei verschiedene durchschnittliche Regulationsverläufe dargestellt. Mittelt man über alle Schülerinnen und Schüler hinweg deren erreichte $\log_{(or)}$-Werte der Regulation des Wissenserwerbs, ergibt sich für die fünf Minuten der zweiten Explorationsphase der Verlauf, der die Beschriftung „durchschnittlich erfolgreich" trägt. Es zeigt sich, dass zu Beginn des Wissenserwerbsprozesses offensichtlich am meisten Wert auf das Identifizieren neuer Informationen gelegt wird. Dies ändert sich jedoch im

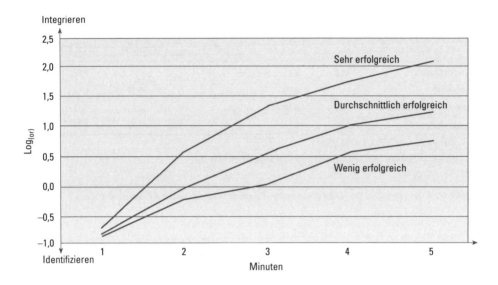

Abbildung 4.3   Unterschiedlich erfolgreiche Regulationsverläufe des Wissenserwerbs

Verlauf der Exploration, und das Integrieren identifizierter Informationen wird immer bedeutsamer für die Lernregulation.

Das Starten mit dem Identifizieren und der darauf folgende Wechsel zum Integrieren sind zwei Merkmale, mit denen sich generell der Regulationsverlauf des Wissenserwerbsprozesses beschreiben lässt (Wirth, 2004). Vergleicht man jedoch erfolgreiche mit weniger erfolgreichen Verläufen, so zeigen sich Unterschiede. In Abbildung 4.3 beschreibt der mit „sehr erfolgreich" gekennzeichnete Verlauf die durchschnittliche Regulation der 10 Prozent besten Problemlöserinnen und Problemlöser, der „wenig erfolgreiche" Verlauf gibt die durchschnittliche Regulation der 10 Prozent schwächsten wieder. Während sich bezüglich des Beginns keine Unterschiede zeigen – sowohl erfolgreiche als auch weniger erfolgreiche Problemlöser versuchen am Anfang verstärkt, neue Informationen zu identifizieren –, gehen erfolgreiche Problemlöser offenbar sehr bald und sehr stark dazu über, einmal identifizierte Informationen zu integrieren. Offenbar ist das Ausmaß dieses Wechsels vom Identifizieren und Integrieren ein differenzielles Merkmal erfolgreicher bzw. wenig erfolgreicher Problemlöserinnen und Problemlöser.

Um diesen Wechsel zu quantifizieren, wurde der Regulationsverlauf des Wissenserwerbs mithilfe dreier Faktoren im Rahmen eines latenten Wachstumskurvenmodells beschrieben (Abb. 4.4, siehe auch Anhang A). Der erste Faktor „Startwert" gibt an, auf welchem Niveau der Prozess beginnt. Mit einem durchschnittlichen Faktorwert von $F_I = -.79$ zeigt er an, dass im Durchschnitt mit dem Identifizieren von Informationen begonnen wird. Darin unterscheiden sich erfolgreiche Problemlöser nicht von wenig erfolgreichen. Der Faktor „Steigung" quantifiziert den Wechsel vom Identifizieren zum

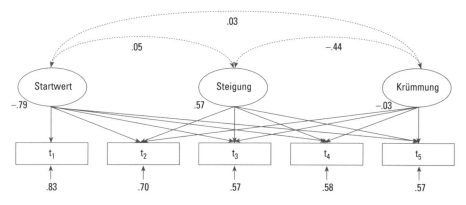

$\chi^2 = 6.74$, df = 6, RMSEA = .02, GFI = .99, NNFI = .99, CFI = 1.00, n = 434.

Abbildung 4.4   Latentes Wachstumskurvenmodell der Lernregulation

Integrieren. Im Durchschnitt nimmt dieser Faktor einen Wert von F_2 = .57 an. Erfolgreiche Problemlöser haben allerdings mit $F_{2(e)}$ = .80 (SD = .13) einen statistisch bedeutsam höheren „Steigungs"faktorwert als wenig erfolgreiche Problemlöser ($F_{2(we)}$ = .43, SD = .17). Der „Krümmungs"faktor gibt an, dass das Hinwenden zum Integrieren nicht durchgehend in gleicher Stärke zunimmt, sondern dass diese Zunahme mit der Zeit immer weiter nachlässt. Erfolgreiche und weniger erfolgreiche Problemlöserinnen und Problemlöser unterscheiden sich bezüglich dieses Faktorwerts nicht bedeutsam voneinander.

Erfolgreiche Verläufe der Regulation des Wissenserwerbs unterscheiden sich von weniger erfolgreichen Verläufen nicht hinsichtlich ihres Startniveaus oder hinsichtlich ihrer Krümmung. Sie unterscheiden sich jedoch sehr wohl hinsichtlich ihrer Steigung, also der wechselnden Ausrichtung der Regulation vom Identifizieren zum Integrieren. Aus testtheoretischer Perspektive ergibt sich daraus, dass der Wert des Steigungsfaktors als geeigneter Indikator der Regulation des Wissenserwerbs herangezogen werden kann. Dieser Indikator ist damit ein echtes Prozessmaß, das auf der Basis von Verhaltensdaten die Güte des Regulationsverlaufs zu erfassen vermag. Aus lehr-lernpsychologischer Perspektive zeigt sich in diesem Unterschied, dass es wenig erfolgreichen Problemlösern offensichtlich schwer fällt, einmal entdeckte oder generierte Informationen für spätere (Anwendungs-)Gelegenheiten festzuhalten. Der Aufwand, der für das Identifizieren betrieben wird, verpufft, weil einmal identifizierte Informationen wieder in Vergessenheit geraten. In späteren Situationen steht der Problemlöser damit wieder vor genau denselben Problemen, er bleibt sozusagen ein ewiger Problemlöser, während erfolgreiche Problemlöser im Umgang mit dem System dazulernen und die Steuerung des Systems immer mehr zur Routine wird. Instruktionale Maßnahmen zur Förderung dynamischer Aspekte von Problemlösekompetenz sollten demzufolge genau hier ansetzen und darauf abzielen, dass einmal entdeckte oder generierte Informationen auch tatsächlich erworben werden.

4.6 Dynamisches Problemlösen

Die Regulation des Wissenserwerbs ist jedoch nur ein Aspekt des dynamischen Problemlösens. Dazu kommt auch die Fähigkeit, einmal erworbenes Wissen zielführend anzuwenden. Eine gute Wissenserwerbsregulation sollte zu einem erfolgreichen Wissenserwerb führen, genauso wie eine gute Anwendungsregulation einen hohen Anwendungserfolg nach sich ziehen sollte. Zudem ist anzunehmen, dass Personen, die sich bereits bei der Regulation des Wissenserwerbs nicht von Zufälligkeiten leiten lassen, sondern den Prozess selbstbestimmt regulieren, auch bei der Anwendung von Wissen einen hohen Grad an Selbstregulation aufweisen.

Wenn den hier vorgestellten vier Maßen für Aspekte dynamischen Problemlösens eine gewisse Konstruktvalidität bescheinigt werden soll, müssen sich mit ihnen diese Beziehungen auch empirisch nachweisen lassen. Ob dem so ist, wurde über Strukturgleichungsmodelle mithilfe von LISREL (Jöreskog & Sörbom, 1988, 1999) überprüft.

In Abbildung 4.5 ist das Modell mit der höchsten Anpassungsgüte dargestellt[2]. Wie erwartet zeigt sich ein enger Zusammenhang zwischen der Güte der Regulation des Wissenserwerbs und der Höhe seines Erfolgs ($\beta = .37$). Einen ähnlich starken Effekt hat mit $\beta = .41$ die Anwendungsregulation auf den Anwendungserfolg. Für den Anwendungserfolg ebenso bestimmend ist aber auch die Fähigkeit zur Wissenserwerbsregulation. Dies kann vermutlich darauf zurückgeführt werden, dass erfolgreiche Problemlöser auch noch während der Bearbeitung der Steuerungsaufgaben des Wissensanwendungstests dazu in der Lage sind, dabei neu identifizierte Informationen in ihre persönliche Wissensstruktur zu integrieren. Die beiden Regulationsmaße stehen in einem engen Verhältnis zueinander ($\beta = .61$): Personen, die den Prozess des Wissenserwerbs zu regulieren wissen, sind offensichtlich auch dazu in der Lage, ihr bisher erworbenes Wissen optimal zielgerichtet anzuwenden. Gemeinsam klären diese beiden Maße 60 Prozent der Varianz des Anwendungserfolgs auf. (Direkt an den Ovalen der latenten

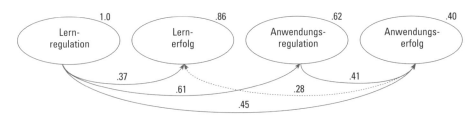

$\chi^2 = 50.11$, df = 34, RMSEA = .04, GFI = .97, NNFI = .98, CFI = .99, n = 298.

Abbildung 4.5   Struktur des dynamischen Problemlösens

Faktoren ist der Anteil an Varianz angegeben, der *nicht* durch das Modell aufgeklärt werden kann.)

Diese Analysen sind ein erster starker Hinweis darauf, dass die beiden Regulationsmaße genauso wie die beiden Erfolgsmaße als konstruktvalide Indikatoren für verschiedene Aspekte dynamischen Problemlösens anzusehen sind. Für weitere Validierungen ist jedoch zu prüfen, ob die damit erhobenen Aspekte dynamischen Problemlösens auch mit weiteren, konstruktfremden Personenmerkmalen in zu erwartenden Beziehungen stehen. Dies wird im folgenden Abschnitt anhand des Personenmerkmals Intelligenz getestet.

4.7 Dynamisches Problemlösen und Intelligenz

Die Zusammenhänge zwischen Problemlösen und Intelligenz werden in der Literatur nicht einheitlich dargestellt und sind mit aller Wahrscheinlichkeit vermittelt durch das Ausmaß verfügbaren spezifischen Wissens („Elshout-Raaheim-Hypothese"; Elshout, 1987; Leutner, 2002; Raaheim, 1988; siehe auch Kap. 1 und 2). Es kann jedoch davon ausgegangen werden, dass Intelligenz einen durchaus positiven Einfluss auf die Fähigkeit zur Regulation des interaktiven Wissenserwerbs hat und dass auch die Bearbeitung der Aufgaben des Erfolgsmaßes für den Wissenserwerb eine gewisse Intelligenz voraussetzt (Kröner, 2001). Genauso ist im Sinne einer intelligenten Anwendung von Wissen ein Einfluss von Intelligenz auf die Anwendungsregulation und ihren Erfolg anzunehmen. Da jedoch davon ausgegangen werden kann, dass bei der Bearbeitung der Steuerungsaufgaben im Wissensanwendungstest mehr systemspezifisches Wissen zur Verfügung steht als während der vorangegangenen Exploration des Raumfahrtspiels, in der dieses Wissen ja zunächst erworben werden muss, dieses Wissen jedoch sicherlich noch

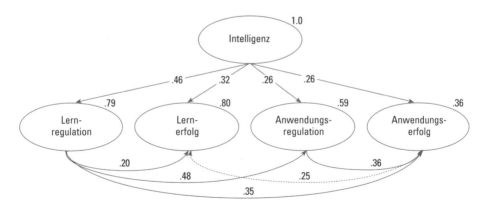

$\chi^2 = 45.08$, df = 50, RMSEA = .00, GFI = .97, NNFI = 1.01, CFI = 1.00, n = 217.

Abbildung 4.6   Struktur des dynamischen Problemlösens und Intelligenz

Gesamteffekte auf	Lern-regulation	Gesamteffekte von Anwendungs-regulation	Intelligenz
Lernregulation			0,46
Lernerfolg	0,20		0,41
Anwendungsregulation	0,48		0,48
Anwendungserfolg	0,52	0,36	0,59

Tabelle 4.3   Gesamteffekte

nicht routinemäßig anwendbar ist, sollten im Sinne von Elshout und Raaheim die Effekte von Intelligenz auf die Wissensanwendung größer sein als auf den Wissenserwerb (vgl. entsprechende Überlegungen in Kap. 2).

Diese Annahmen wurden im Rahmen eines Strukturgleichungsmodells umgesetzt. Dafür wurde auf die Intelligenztest-Daten zurückgegriffen, die bei PISA 2000 am zweiten Testtag erhoben worden waren (KFT, verbale und figurale Analogien; Heller, Gaedicke, & Weinläder, 1985). Fit-Analysen ergaben, dass das in Abbildung 4.6 dargestellte Modell[2] am besten geeignet ist, die empirische Datenstruktur zu repräsentieren. Wie zu erwarten zeigt sich ein Einfluss der Intelligenz auf alle Aspekte dynamischen Problemlösens, wobei der direkte Einfluss auf die Wissenserwerbsregulation mit = .46 am höchsten ist.

Dies bedeutet jedoch nicht, dass die Intelligenz auf die Regulation des Wissenserwerbs einen höheren Einfluss hat als auf die Anwendung des Wissens, da Intelligenz nicht nur direkte, sondern auch indirekte, über andere Modellvariablen vermittelte Effekte hat. Die entsprechenden Gesamteffekte sind in Tabelle 4.3 angegeben. Hier zeigt sich, dass die Intelligenz mit den Variablen der Wissensanwendung in einem engeren Verhältnis steht als mit den entsprechenden Variablen des Wissenserwerbs. Einen nahezu ebenso hohen Einfluss auf die Anwendungsregulation und den Anwendungserfolg wie Intelligenz hat die Lernregulationsgüte. Dies ist insofern bemerkenswert, als die Lernregulationsgüte mithilfe des neu entwickelten Prozessmaßes erfasst wurde.

Damit lässt sich zusammenfassen, dass auch die Zusammenhangsanalysen zwischen Aspekten des dynamischen Problemlösens und der Intelligenz die erwarteten Effekte offenbaren, was als weiterer Beleg für die Konstruktvalidität aller vier Maße anzusehen ist.

4.8 Zusammenfassung

In diesem Kapitel wurde das dynamische Problemlösen vertiefend betrachtet. Dynamisches Problemlösen zeichnet sich durch zwei Anforderungen aus: Zum einen muss in der Interaktion mit dem unbekannten, meist recht komplexen System Wissen über dessen Struktur und die Möglichkeiten seiner Steuerung erworben werden. Zum anderen muss dieses Wissen für eine zielgerichtete Steuerung des Systems angewandt werden. Die Regulation des Wissenserwerbs erfordert ihrerseits wiederum das Verfolgen zweier Ziele: Zum einen müssen neue Informationen identifiziert werden, zum anderen müssen identifizierte Informationen so in die Wissensstruktur des Problemlösers integriert werden, dass er bzw. sie diese Informationen auch zu späteren Gelegenheiten abrufen und nutzen kann.

Für das Raumfahrtspiel wurden zusätzlich zu den beiden Erfolgsmaßen für den Wissenserwerb und der Wissensanwendung, die bereits im Feldtest 1999 erprobt worden waren (vgl. Kap. 2), innovative Regulationsmaße entwickelt und auf ihre Brauchbarkeit im Rahmen von *Large-Scale Assessments* getestet. Mithilfe des Regulationsmaßes für den Wissenserwerb konnte gezeigt werden, dass erfolgreiche Problemlöser sehr früh und sehr stark damit beginnen, einmal identifizierte Informationen zu integrieren, wohingegen weniger erfolgreiche Problemlöser das Integrieren nicht konsequent verfolgen und somit immer wieder vor denselben Problemen stehen. An dieser Stelle zeigt sich, wie eng das dynamische Problemlösen mit der Fähigkeit zum selbstregulierten Lernen assoziiert ist (Wirth, 2004). Eine gute Regulation des Wissenserwerbs zieht wiederum eine gute Anwendungsregulation im Sinne einer optimalen Nutzung erworbenen Wissens nach sich. Unter dem Einfluss von Intelligenz führt eine optimale Anwendungsregulation dann auch zu dem entsprechenden Anwendungs- bzw. Steuerungserfolg.

Die Regulationsmaße wurden mit dem Ziel entwickelt und eingesetzt, Ansatzpunkte zur Förderung dynamischen Problemlösens aufzuzeigen. Aus den hier vorgestellten Ergebnissen lässt sich ableiten, dass insbesondere der Wechsel vom Identifizieren zum Integrieren beim Wissenserwerb entscheidend für den Problemlöseerfolg ist. Insofern ist hier auch ein Hauptansatzpunkt zur Förderung zu sehen. Wenn es gelingt, Schülerinnen und Schülern die Wichtigkeit des Integrierens zu vermitteln, und wenn ihnen geholfen wird, ihre Wissenserwerbsregulation entsprechend zu optimieren, ist zu erwarten, dass damit die Fähigkeit dieser Schülerinnen und Schüler, mit unbekannten komplexen und dynamischen Systemen kontrolliert umzugehen, deutlich verbessert wird.

Anmerkungen

[1] Aufgrund der Zugehörigkeit der 688 Schülerinnen und Schüler des dritten Testtags zu insgesamt nur 30 Schulen weist diese Stichprobe die hierarchische Struktur einer Klumpenstichprobe auf. Die anzunehmende Homogenität innerhalb einer Schule führt zu einer Unterschätzung des Standardfehlers. Das bedeutet, dass bei statistischen, hypothesenprüfenden Verfahren diese Unterschätzung ausgeglichen werden muss. Ein entsprechendes Verfahren schlägt Kish (1965) vor, mit dessen Hilfe ein „effektiver" Stichprobenumfang berechnet wird, der dann dem statistischen Prüfverfahren zu Grunde gelegt wird (vgl. Wirth, 2004). Diese Korrekturmethode wurde bei allen in diesem Kapitel vorgestellten Analysen und Modellberechnungen genutzt. Da-

raus resultieren jedoch für unterschiedliche Analysen unterschiedliche Stichprobenumfänge.

2   Der Einfachheit wegen ist in der Abbildung nur der „Steigungs"faktor als Indikator für die Regulationsgüte des Wissenserwerbs dargestellt und mit „Lernregulation" beschriftet. Das berechnete Strukturgleichungsmodell, das der präsentierten Graphik zu Grunde liegt und für das die Anpassungsgütemaße angegeben sind, enthält jedoch alle drei latenten Wachstumsfaktoren zur Beschreibung des Regulationsverlaufs des Wissenserwerbs. Die Faktoren „Startwert" und „Krümmung" stehen in dem berechneten Modell aber in keiner bedeutsamen gerichteten oder ungerichteten Beziehung zu einem der anderen Faktoren.

Joachim Wirth, Detlev Leutner und Eckhard Klieme

5 Problemlösekompetenz – Ökonomisch und zugleich differenziert erfassbar?

In diesem Kapitel greifen wir erneut die Fragen nach der konvergenten und diskriminanten Validität der Maße des fächerübergreifenden Problemlösens auf, wie sie bereits im Kapitel 2 gestellt und dort zunächst auf der Basis der Erprobungsdaten beantwortet wurden. Damit wird unter anderem die Replizierbarkeit der dort dargestellten Befunde zur Kompetenzstruktur geprüft (siehe auch Klieme u.a., 2001; Wirth & Klieme, 2003). Darüber hinausgehend werden diese Fragen hier jedoch unter zwei zusätzlichen Perspektiven erörtert: Zum einen wird in Hinblick auf eine ökonomische Testanwendung geprüft, ob sich auch mit wenigen Testinstrumenten und einfach zu berechnenden Problemlösemaßen dieselbe Kompetenzstruktur abbilden lässt, wie sie bei der Erprobung, das heißt im so genannten Feldtest, unter Verwendung vieler Testverfahren aus unterschiedlichen Paradigmen der psychologischen Forschung zum Problemlösen aufgedeckt wurde. Dieser Aspekt der Testökonomie spielt gerade im Rahmen von *Large-Scale Assessments* und insbesondere beim Einsatz computerbasierter Testverfahren eine wichtige Rolle.

Zum anderen werden weiterführende Analysen der Kompetenzstruktur des Problemlösens vorgestellt. Während bei den Analysen des Feldtests zunächst zwischen analytischen und dynamischen Aspekten des Problemlösens unterschieden wurde, wird in den hier vorgestellten Analysen zusätzlich das dynamische Problemlösen differenzierter betrachtet. Vor allem werden die in den Kapiteln 1 und 2 eingeführten Fähigkeiten zum interaktiven Wissenserwerb und zur zielgerichteten Wissensanwendung auch empirisch voneinander unterschieden (vgl. auch Kap. 4). Dabei werden insbesondere die unterschiedlichen Zusammenhänge dieser beiden Teilkompetenzen mit den fachgebundenen Fähigkeiten im Lesen, in der Mathematik und in den Naturwissenschaften betrachtet.

5.1 Ökonomische Erfassung verschiedener Aspekte des Problemlösens

Für die Erfassung unterschiedlicher Aspekte des Problemlösens wurden im Feldtest 1999 sechs Verfahren eingesetzt, die insgesamt elf Maße lieferten (siehe Kap. 2, Tab. 2.3). Mit diesem Strauß an Maßen konnten analytische und dynamische Aspekte des Problemlösens voneinander unterschieden werden. Es ist jedoch nicht in allen Untersuchungen möglich, sechs verschiedene Verfahren für die differenzierte Erfassung eines Konstrukts einzusetzen. Deshalb wird an dieser Stelle der Frage nachgegangen, ob sich die Anzahl der Verfahren reduzieren lässt, ohne dabei Abstriche bei der Differenziertheit und Aussagekraft der Ergebnisse machen zu müssen.

Im Folgenden werden die *analytischen* Aspekte des Problemlösens mithilfe der Projektaufgaben beschrieben (siehe Kap. 3). Im Gegensatz zum Feldtest gehen damit keine Daten zum analogen Transfer oder zur Fehlersuche in die Erfassung analytischen Problemlösens mit ein. Als Instrument zur Erfassung der *dynamischen* Aspekte des Problemlösens beschränken wir uns auf das Raumfahrtspiel (siehe Kap. 4). Die Daten des ökologischen Planspiels bleiben damit unberücksichtigt. Zudem werden von den vier Maßen des Raumfahrtspiels ausschließlich die beiden einfach zu berechnenden und anhand klassischer Kriterien zu evaluierenden Erfolgsmaße herangezogen. Für eine Erfassung des individuellen Niveaus der Fähigkeit zum interaktiven Wissenserwerb und zur zielgerichteten Anwendung sollten diese *Erfolgsmaße* vollkommen ausreichend sein. Solange keine Fragen der Intervention und Förderung im Vordergrund stehen, kann auf die Beschreibung von Wissenserwerbs- und Wissensanwendungsprozessen mithilfe recht aufwändig zu berechnender *Regulationsmaße* verzichtet werden.

Sowohl die Projektaufgaben als auch die Erfolgsmaße des Raumfahrtspiels bestehen aus einer Anzahl von Aufgaben, die entweder gelöst oder nicht gelöst werden können (dichotome Items). Sie weisen somit eine hohe formal-methodische Ähnlichkeit auf. Die Projektaufgaben bestehen in PISA 2000 aus sechs Items. Für das Erfolgsmaß des interaktiven Wissenserwerbs werden 12 der insgesamt 16 Aufgaben herangezogen, da sich die Trennschärfe der übrigen 4 Aufgaben als gering herausstellte (Kap. 4). In das Erfolgsmaß der zielgerichteten Wissensanwendung gehen insgesamt 22 Aufgaben ein. Um zu überprüfen, ob sich mit diesen insgesamt 40 Aufgaben Problemlösen – trotz der hohen formal-methodischen Ähnlichkeit – differenziert erfassen lässt und ob durch sie tatsächlich unterschiedliche Aspekte der Problemlösefähigkeit beschrieben werden können, wurde mit ihnen eine explorative Hauptkomponentenanalyse durchgeführt. Die Analyse der Eigenwerte (11,62; 4,07; 2,28; 1,80; 1,53; 1,22; 1,10; 0,96; 0,92; 0,90; ...) und der *Scree*-Test führen zur Favorisierung eines fünffaktoriellen Modells. Die Ladungen der einzelnen Aufgaben auf den varimax-rotierten Hauptkomponenten sind in Tabelle 5.1 aufgelistet. Außerdem enthält die Tabelle die Schwierigkeiten der einzelnen Aufgaben in Form relativer Lösungshäufigkeiten.

Als Erstes zeigt sich, dass alle sechs Projektaufgaben hauptsächlich auf dem Faktor 1 laden. Zudem weist keine der weiteren Problemlöseaufgaben eine bedeutsame Ladung > .40 auf diesem Faktor auf. Offensichtlich repräsentieren die Projektaufgaben einen

	Faktor 1 Analytisches Problem- lösen	Faktor 2 Interaktiver Wissenserwerb ohne Speed	Faktor 3 Dynamisches Problemlösen mit Speed	Faktor 4 Zielgerichtete Wissensanwendung ohne Speed	Faktor 5 mit Speed	Relative Lösungs- häufigkeit
Varianzaufklärung (in %)	7,1	9,9	4,3	14,3	17,6	
Projektaufgabe 1	0,67					0,64
Projektaufgabe 2	0,63					0,75
Projektaufgabe 3	0,66					0,75
Projektaufgabe 4	0,47					0,68
Projektaufgabe 5	0,61					0,79
Projektaufgabe 6	0,60					0,66
Interpolationsaufgabe 2		0,54				0,89
Interpolationsaufgabe 4		0,49				0,83
Interpolationsaufgabe 5		0,46	0,45			0,64
Interpolationsaufgabe 6		0,47				0,73
Interpolationsaufgabe 7		0,48	0,47			0,65
Interpolationsaufgabe 8						0,51
Prospektive Aufgabe 2		0,66				0,75
Prospektive Aufgabe 4		0,72				0,81
Prospektive Aufgabe 5			0,70			0,07
Prospektive Aufgabe 6		0,75				0,81
Prospektive Aufgabe 7			0,62			0,10
Prospektive Aufgabe 8		0,75				0,84
Steuerungsaufgabe 1				0,44		0,90
Steuerungsaufgabe 2				0,42	0,41	0,75
Steuerungsaufgabe 3				0,56		0,97
Steuerungsaufgabe 4				0,67		0,93
Steuerungsaufgabe 5				0,65		0,81
Steuerungsaufgabe 6				0,74		0,91
Steuerungsaufgabe 7				0,72		0,90
Steuerungsaufgabe 8				0,76		0,90
Steuerungsaufgabe 9				0,75		0,93
Steuerungsaufgabe 10				0,62		0,83
Steuerungsaufgabe 11				0,59		0,77
Steuerungsaufgabe 12				0,62		0,83
Steuerungsaufgabe 13					0,72	0,51
Steuerungsaufgabe 14					0,58	0,60
Steuerungsaufgabe 15					0,79	0,49
Steuerungsaufgabe 16					0,81	0,49
Steuerungsaufgabe 17					0,83	0,47
Steuerungsaufgabe 18					0,86	0,44
Steuerungsaufgabe 19					0,88	0,33
Steuerungsaufgabe 20					0,86	0,29
Steuerungsaufgabe 21					0,79	0,22
Steuerungsaufgabe 22					0,66	0,16

Varianzaufklärung insgesamt 53,2 Prozent; dargestellt sind nur Faktorladungen > 0,4.

Tabelle 5.1   Faktorladungen (varimax-rotierte, fünffaktorielle Hauptkomponentenlösung) und relative Lösungshäufigkeiten der Problemlöseaufgaben

eigenständigen Aspekt der Problemlösefähigkeit, der als „analytisches Problemlösen" bezeichnet und von den anderen Problemlöseaspekten getrennt werden kann.

Die Aufgaben des Raumfahrtspiels, die zwei Teilaspekte des dynamischen Problemlösens erfassen sollten, laden auf insgesamt vier Faktoren (Faktoren 2 bis 5). Die Aufgaben des interaktiven Wissenserwerbs (Interpolations- und prospektive Aufgaben) laden auf zwei Faktoren, die jedoch nicht die beiden Aufgabenarten abbilden. Den Aufgaben des Faktors 3 ist gemeinsam, dass sie Wissen über einen Teil der Systemstruktur abtesten, der nicht unmittelbar explorierbar ist. Um Wissen über diesen Teil der Systemstruktur interaktiv erwerben zu können, müssen vorab mindestens vier Systemeingriffe in der richtigen Reihenfolge nacheinander getätigt werden, die natürlich ihrerseits zuvor exploriert worden sein müssen. Die Wahrscheinlichkeit, dass Schülerinnen und Schüler in der ihnen für den Wissenserwerb zur Verfügung stehenden Zeit diesen Teil der Systemstruktur explorieren konnten, ist gegenüber unmittelbar explorierbaren Bereichen relativ gering. Die Schwierigkeiten dieser Items sind im Vergleich zu den übrigen Interpolations- bzw. prospektiven Aufgaben deutlich höher (ihre relative Lösungshäufigkeit ist geringer). Das kann als weiterer Hinweis dafür gelten, dass nur wenige Schülerinnen und Schüler innerhalb der ihnen zur Verfügung stehenden Zeit dazu gekommen sind, den Teil der Systemstruktur zu explorieren, über den das Wissen durch die Aufgaben des Faktors 3 abgefragt wird. Vor dem Hintergrund dieser Überlegungen lässt sich der Faktor 3 als Speed-Komponente auffassen, die zusätzlich zur Fähigkeit zum interaktiven Wissenserwerb die Testleistungen beeinflusst. Interaktiver Wissenserwerb ohne Berücksichtigung dieser Zeitkomponente wird offenbar durch den Faktor 2 repräsentiert.

Die Faktoren 4 und 5 werden ausschließlich durch Aufgaben der zielgerichteten Wissensanwendung (Steuerungsaufgaben) repräsentiert, wobei die ersten 12 Aufgaben hauptsächlich auf dem Faktor 4 und die restlichen Aufgaben hauptsächlich auf dem Faktor 5 laden. Hier ist vermutlich die Begrenzung der Zeit, die für die Bearbeitung der Steuerungsaufgaben maximal zur Verfügung stand, der Grund für die Notwendigkeit, die Fähigkeit zur zielgerichteten Wissensanwendung durch zwei Faktoren statt mit nur einem Faktor zu beschreiben. Während die ersten 12 Aufgaben von nahezu allen Schülerinnen und Schülern bearbeitet wurden, nimmt ab der 13. Aufgabe der Anteil an Personen, die die Aufgaben in der zur Verfügung stehenden Zeit erreichten, kontinuierlich ab. Die Steuerungsaufgabe 22 bearbeiteten nur noch 33 Prozent der Schülerinnen und Schüler. Eine nicht bearbeitete Aufgabe geht in die Berechnung des Anwendungserfolgs als nicht gelöste Aufgabe ein. Insofern ist für die Leistungen im Wissensanwendungstest davon auszugehen, dass zusätzlich zu der Fähigkeit, erworbenes Wissen zielgerichtet anzuwenden (erfasst durch Faktor 4), auch die Fähigkeit eine Rolle spielt, das Wissen schnell und direkt umzusetzen, um alle Aufgaben in der zur Verfügung stehenden Zeit bearbeiten (und lösen) zu können. Dieser Aspekt der zielgerichteten Wissensanwendung mit Speed-Komponente wird durch Faktor 5 erfasst. Dies ist der Faktor, der mit knapp 18 Prozent am meisten zur Varianzaufklärung beiträgt. Insgesamt wird durch dieses fünffaktorielle Modell 53 Prozent der Varianz in den Problemlöseleistungen aufgeklärt.

Es bleibt festzuhalten, dass die Projektaufgaben und das Raumfahrtspiel offenbar geeignet sind, unterschiedliche Aspekte des Problemlösens zu erfassen und voneinander zu trennen. Es ist anzunehmen, dass die Projektaufgaben die Fähigkeit zum analytischen Problemlösen abbilden (siehe auch Kap. 3), während die Erfolgsmaße des Raumfahrtspiels mehrere Teilaspekte des dynamischen Problemlösens beschreiben. Die Wissenserwerbsskala scheint neben der eigentlichen Fähigkeitskomponente zum interaktiven Wissenserwerb eine Speed-Komponente zu enthalten. Gleiches ist für das Maß der zielgerichteten Wissensanwendung anzunehmen. Da Problemlösen fast immer unter einer mehr oder weniger strengen Zeitbeschränkung stattfindet, ist es durchaus sinnvoll, die Aufgaben, die hoch auf einem der Speed-Faktoren laden, in die jeweiligen Skalen des interaktiven Wissenserwerbs und der zielgerichteten Wissensanwendung aufzunehmen. Es resultieren also zwei Erfolgsmaße, die als gute Indikatoren für unterschiedliche Teilaspekte dynamischer Problemlösefähigkeit herangezogen werden können.

Offensichtlich können mit nur zwei Verfahren sowohl analytische als auch dynamische Aspekte des Problemlösens getrennt voneinander erfasst werden, und zudem kann dynamisches Problemlösen weiter ausdifferenziert werden. Im Sinne einer weiterführenden Konstruktvalidierung der Skalen wird im Folgenden geprüft, ob sich mit ihnen dieselbe Kompetenzstruktur im Zusammenhang mit fachlichen Kompetenzen und Intelligenz abbilden lässt, wie sie in Kapitel 2 beschrieben wurde.

5.2 Aspekte des Problemlösens, fachliche Teilkompetenzen und Intelligenz

Um die Zusammenhangsstruktur zwischen der fächerübergreifenden Problemlösefähigkeit, den fachgebundenen Kompetenzen im Lesen, in der Mathematik und in den Naturwissenschaften und der Intelligenz darzustellen, wird im Folgenden das Ergebnis einer Multidimensionalen Skalierung vorgestellt (vgl. Kap. 2). Im Unterschied zu der entsprechenden Skalierung des Feldtests werden hierbei nicht nur zwei, sondern drei Aspekte der Problemlösefähigkeit voneinander unterschieden: analytisches Problemlösen, die Fähigkeit zum interaktiven Wissenserwerb und die Fähigkeit zur zielgerichteten Anwendung von Wissen. Ebenfalls weiter ausdifferenziert werden die fachgebundenen Kompetenzen im Lesen und in der Mathematik, die an den ersten beiden Testtagen von PISA 2000 erhoben wurden. Lesekompetenz wird durch die drei Subskalen „Informationen ermitteln", „Textbezogenes Interpretieren" und „Reflektieren und Bewerten" (Artelt u.a., 2001) repräsentiert, die mathematische Grundbildung geht mit den Teilskalen „Technische Fertigkeiten", „Rechnerisches Modellieren" und „Begriffliches Modellieren" (Neubrand & Klieme, 2002) in die Skalierung ein. Die naturwissenschaftliche Grundbildung wurde bei PISA 2000 im Vergleich zu den beiden anderen fachgebundenen Kompetenzen mit relativ wenigen Aufgaben erfasst, weshalb an dieser Stelle auf eine weitere Ausdifferenzierung in die drei Fächer Biologie, Chemie und Physik wie bei Prenzel u.a. (2002) oder in fünf kognitive Kompetenzen wie bei Rost u.a. (2003) verzichtet wird. Ebenso wird die Intelligenz mit einem Gesamtwert repräsentiert.

Neben der stärkeren Differenzierung der Kompetenzbereiche besteht ein weiterer Unterschied zu den entsprechenden Analysen des Feldtests darin, dass im Folgenden keine auf der Basis von Strukturgleichungsmodellen berechneten latenten Korrelationen berichtet werden. Das Berechnen von Strukturgleichungsmodellen war im Feldtest durch das Einbeziehen der computerbasiert erfassten Maße für die Explorations- und die Steuerungsleistung notwendig. Diese Maße sind nicht wie die übrigen bei PISA verwendeten Leistungsmaße im Rahmen der klassischen oder auch der probabilistischen Testtheorie skalierbar. Dagegen sind die Projektaufgaben genauso wie die Erfolgsmaße des Raumfahrtspiels sehr wohl klassisch und sogar raschskalierbar. Gleiches gilt für die Skalen der fachgebundenen Kompetenzen und der Intelligenz, weshalb, wie bei Schulleistungsvergleichsstudien mittlerweile üblich, die folgenden Analysen auf der Basis von Rasch-Parametern durchgeführt werden können[1].

Abbildung 5.1 zeigt die resultierende multidimensionale Skalierung der Korrelationen zwischen den verschiedenen Skalen, deren exakte Werte in Tabelle 5.2 dokumentiert sind. Es lässt sich – genauso wie im Feldtest – eine Radexstruktur (Guttman, 1954, 1957) erkennen, in deren Zentrum die Intelligenz angesiedelt ist. Gleichfalls lassen sich – ebenfalls wie im Feldtest – vier große Kompetenzbereiche separieren: die drei fachgebundenen Kompetenzen Lesen, mathematische und naturwissenschaftliche Grundbildung

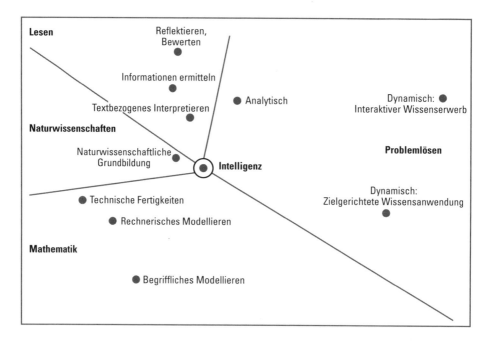

Abbildung 5.1   Korrelationsstruktur der Kompetenzskalen (nichtmetrische multidimensionale Skalierung;
fit stress = 0,078)

und die fächerübergreifende Problemlösekompetenz. Es fällt auf, dass das „Tortenstück" des Problemlösens etwas größer ausfällt als im Feldtest (siehe Kap. 2, Abb. 2.5), was vermutlich auf die stärkere Ausdifferenzierung des dynamischen Problemlösens zurückzuführen ist. Dadurch wandern jedoch alle fachgebundenen (Teil-)Kompetenzen auf der horizontalen Achse links neben die Intelligenz, während sich alle Problemlöseaspekte rechts von der Intelligenz befinden. Insofern lässt sich Problemlösen deutlich von anderen Kompetenzen abgrenzen. Die technischen Fertigkeiten der Mathematik liegen auf der horizontalen Achse ganz links, die Maße des dynamischen Problemlösens ganz rechts. Man könnte die horizontale Achse als eine Dimension interpretieren, deren linker Pol ein routiniertes Arbeiten mit statischem Material repräsentiert, während der rechte Pol den Umgang mit neuartigen und dynamischen Situationen abbildet.

Die unterschiedlichen Aspekte des Problemlösens weisen eine unterschiedliche Nähe zu den verschiedenen fachgebundenen Kompetenzen auf. Beim dynamischen Problemlösen ist der Wissenserwerb am stärksten mit der Lesekompetenz assoziiert, während die Wissensanwendung dichter bei den Naturwissenschaften und auch dichter bei der Mathematik liegt. Die PISA-Leseskalen bilden die Fähigkeiten ab, Informationen zu ermitteln, zu verstehen, sie zu interpretieren, zu bewerten und zu reflektieren. Es geht zum

	Lesen 1	Lesen 2	Lesen 3	Mathematik 1	Mathematik 2	Mathematik 3	Naturwissenschaften	Intelligenz	Analytisches Problemlösen	Dynamisches Problemlösen:	
										Lernerfolg	Anwendungserfolg
Lesen 1	1,00										
Lesen 2	0,71	1,00									
Lesen 3	0,61	0,69	1,00								
Mathematik 1	0,49	0,49	0,44	1,00							
Mathematik 2	0,46	0,51	0,43	0,54	1,00						
Mathematik 3	0,45	0,48	0,42	0,52	0,56	1,00					
Naturwissenschaften	0,60	0,66	0,57	0,56	0,55	0,57	1,00				
Intelligenz	0,55	0,63	0,54	0,54	0,55	0,51	0,59	1,00			
Analytisches Problemlösen	0,58	0,61	0,55	0,46	0,46	0,44	0,59	0,61	1,00		
Dynamisches Problemlösen:											
Lernerfolg	0,32	0,30	0,26	0,26	0,28	0,26	0,25	0,32	0,29	1,00	
Anwendungserfolg	0,40	0,44	0,38	0,37	0,43	0,35	0,48	0,50	0,46	0,43	1,00

Lesen 1: Informationen ermitteln Mathematik 1: Technische Fertigkeiten
Lesen 2: Textbezogenes Interpretieren Mathematik 2: Rechnerisches Modellieren
Lesen 3: Reflektieren und Bewerten Mathematik 3: Begriffliches Modellieren

Tabelle 5.2 Interkorrelationen der Kompetenzskalenwerte

einen um den verstehenden Umgang mit Texten und zum anderen um das Lernen aus Texten (Artelt u.a., 2001). Verstehen und Lernen sind ebenfalls Komponenten des interaktiven Wissenserwerbs, sodass die relative Nähe zum Lesen nicht unplausibel erscheint. Die Definition der mathematischen Grundbildung beinhaltet dagegen größere Anteile der Wissensanwendung: „Der Schwerpunkt [liegt] auf der funktionalen Anwendung von mathematischen Kenntnissen in ganz unterschiedlichen Kontexten und auf ganz unterschiedliche, Reflexion und Einsicht erfordernde Weise." (OECD, 1999b, S. 41; zit. nach Neubrand & Klieme, 2002, S. 97) Aber auch die naturwissenschaftliche Grundbildung enthält deutliche Anteile der Wissensanwendung und des Treffens von Entscheidungen: „Naturwissenschaftliche Grundbildung *(Scientific Literacy)* ist die Fähigkeit, naturwissenschaftliches Wissen anzuwenden, naturwissenschaftliche Fragen zu erkennen und aus Belegen Schlussfolgerungen zu ziehen, um Entscheidungen zu verstehen und zu treffen, welche die natürliche Welt und die durch menschliches Handeln an ihr vorgenommenen Veränderungen betreffen." (OECD, 1999b, S. 60; zit. nach Prenzel u.a., 2001, S. 198) Entsprechend ist auch die relative Nähe der zielgerichteten Wissensanwendung beim dynamischen Problemlösen zu Mathematik und Naturwissenschaften ebenso plausibel wie die relative Nähe des interaktiven Wissenserwerbs beim dynamischen Problemlösen zum Lesen. Insgesamt ergeben diese inhaltlich bedingten Nähebeziehungen zwischen Teilaspekten des dynamischen Problemlösens und den fachbezogenen Kompetenzen, dass die Teilkompetenzen des Lesens zusammen mit der Fähigkeit zum interaktiven Wissenserwerb auf der vertikalen Achse oben liegen, während die mathematischen Fähigkeiten zusammen mit der Fähigkeit zur zielgerichteten Wissensanwendung unten zu finden sind. Insofern lässt sich die vertikale Achse als Dimension interpretieren, die sich zwischen einem oberen „Pol des Wissenserwerbs" und einem unteren „Pol der Wissensanwendung" aufspannt.

Analytisches Problemlösen hängt eng zusammen mit der Lesekompetenz und hierbei insbesondere mit der Fähigkeit zum textbezogenen Interpretieren. Es ist jedoch genauso stark mit Intelligenz assoziiert (siehe Tab. 5.2). Insofern scheint das analytische Problemlösen insbesondere Aspekte des schlussfolgernden, interpretativen Denkens abzudecken, was ganz im Sinne der Definition analytischen Problemlösens ist. Im Vergleich zur Kompetenzstruktur des Feldtests fällt jedoch auf, dass das ausschließlich durch die Projektaufgaben erfasste analytische Problemlösen weniger stark mit mathematischen oder naturwissenschaftlichen Fähigkeiten zusammenhängt. Es scheint bei der Bearbeitung der Projektaufgaben weniger auf die Nutzung von Wissen, das zuvor in schulischen Fächern wie Mathematik oder den Naturwissenschaften erworben wurde, anzukommen als auf die Fähigkeit, die in der Aufgabenstellung aktuell gegebenen Informationen zu analysieren und darauf aufbauend zu einer Entscheidung bzw. Lösung zu kommen. Insofern scheinen die Projektaufgaben fächerübergreifendes analytisches Problemlösen weniger im Sinne einer fächer*verbindenden* als vielmehr im Sinne einer fächer*unabhängigen* Kompetenz zu erfassen (vgl. Kap. 3).

Als Schritt in Richtung auf eine eher fächerverbindenden Messung von Problemlösekompetenz kann die Konzeption des internationalen Tests bei PISA 2003 angesehen werden (OECD, 2003; siehe auch Leutner u.a., 2004). Hier wurde analytisches Problemlösen durch insgesamt zehn Problemstellungen erfasst, die explizit so konstruiert waren, dass das Lösen der Probleme den Einbezug von Wissen aus verschiedenen Schulfächern erforderte. Es ergibt sich damit eine Kompetenzstruktur, bei der das so operationalisierte analytische Problemlösen in der Mitte zwischen der Lesekompetenz, der mathematischen und der naturwissenschaftlichen Grundbildung liegt (Leutner u.a., 2004, S. 168).

Trotz dieser Unterschiede lassen sich für die Kompetenzstrukturen des Feldtests 1999 (Kap. 2), der Haupterhebung 2000 (Abb. 5.1) und der Haupterhebung 2003 dieselben grundlegenden Aussagen treffen: (1) Problemlösen ist kein einheitliches Konstrukt. Es müssen zumindest analytische und dynamische Aspekte des Problemlösens unterschieden werden. (2) Problemlösen und Intelligenz können nicht gleichgesetzt werden. (3) Analytisches Problemlösen hängt eng zusammen mit der Lesekompetenz, dynamisches Problemlösen dagegen nicht.

5.3 Zusammenfassende Diskussion

Ziel war es zu prüfen, ob Problemlösekompetenz ökonomisch und zugleich differenziert erfasst werden kann. Als Maß für das analytische Problemlösen wurden ausschließlich die Projektaufgaben herangezogen, als Indikatoren des dynamischen Problemlösens wurden ausschließlich die Erfolgsmaße des Raumfahrtspiels für den interaktiven Wissenserwerb und die zielgerichtete Wissensanwendung genutzt. Dadurch werden (a) nur zwei (statt wie im Feldtest sechs) Instrumente benötigt und (b) ausschließlich einfach zu berechnende Maße verwendet, die klassisch und sogar raschskalierbar sind. Eine explorative Faktorenanalyse legt nahe, dass durch die drei Maße analytische und dynamische Aspekte des Problemlösens voneinander getrennt werden können. Zudem lassen sich beim dynamischen Problemlösen die Fähigkeit zum interaktiven Wissenserwerb und die Fähigkeit zur zielgerichteten Wissensanwendung empirisch unterscheiden. Beide Skalen des dynamischen Problemlösens beinhalten eine Speed-Komponente, die für Problemlöseprozesse charakteristisch ist.

Mithilfe dieser drei Maße lässt sich die Kompetenzstruktur, wie sie im Feldtest unter Einsatz vieler Instrumente aufgezeigt werden konnte, konzeptuell replizieren: Es zeigt sich eine Radexstruktur mit Intelligenz im Zentrum und den fachgebundenen Kompetenzen sowie der Problemlösekompetenz außen. Zugleich sind differenzierte Aussagen über die beiden Aspekte des dynamischen Problemlösens möglich. Während die Fähigkeit zum interaktiven Wissenserwerb – relativ gesehen – stärker mit den Teilkompetenzen des Lesens korreliert ist, hängt die zielgerichtete Wissensanwendung – relativ gesehen – stärker mit der mathematischen und der naturwissenschaftlichen Grundbildung zusammen. Auf einer ersten Dimension lassen sich die fachlichen und die Problemlöseteilkompetenzen danach unterscheiden, ob sie stärker einem routinierten Umgang mit statischem Material entsprechen oder ob sie eher das Bewältigen neuartiger und dynamischer Situationen erfordern. Während die fachgebundenen Kompetenzen sich eher auf der Seite des routinierten

Umgangs mit statischem Material ansiedeln, liegen die Aspekte dynamischen Problemlösens ganz auf der Seite des Bewältigens neuartiger und dynamischer Situationen. Eine zweite Dimension lässt sich zwischen den Polen Wissenserwerb und Wissensanwendung aufspannen. Die Lesekompetenz tendiert wie die Fähigkeit zum interaktiven Wissenserwerb eher zum ersten Pol, während die Teilkompetenzen der Mathematik, die Fähigkeit zur zielgerichteten Wissensanwendung und in gewisser Weise auch die Naturwissenschaften höhere Anteile der Wissensanwendung aufweisen.

Zusammengenommen spricht dies für eine hohe Konstruktvalidität der drei Problemlösemaße, die damit für eine sowohl ökonomische als auch differenzierte Erfassung der Problemlösekompetenz empfohlen werden können.

Anmerkung

[1]   In diesem Fall verwenden wir so genannte WLE-Schätzer; vgl. Rost, 2004.

Johannes Hartig und Eckhard Klieme

6 Die Bedeutung schulischer Bildung und soziobiographischer Merkmale für die Problemlösekompetenz

Sozioökonomische Merkmale des Elternhauses stellen innerhalb des deutschen Bildungssystems starke Prädiktoren für Schülerleistungen dar (z.B. Baumert & Schümer, 2001). Diese mit sozialem Status verbundenen Leistungsunterschiede sind bildungspolitisch insofern von hohem Interesse, als sie als Indikatoren für eine durch die Schulbildung vermittelte Reproduktion sozialer Unterschiede von einer Generation zur nächsten betrachtet werden. Im Hinblick auf die in PISA 2000 erfassten Problemlöseleistungen sind die Effekte schulischer und familiärer Hintergrundvariablen zusätzlich interessant, da sie indirekt Aufschluss über die Entstehungsbedingungen und damit auch über die Natur der Problemlösekompetenz liefern können. Die in PISA 2000 eingesetzten Problemlöseaufgaben stellen insofern fächerübergreifende Anforderungen, als die zur Lösung heranzuziehenden Wissensbereiche weniger offensichtlich sind als bei fachbezogeneren Leistungen wie Lesen oder Mathematik (vgl. Kap. 1). Es erscheint daher vorstellbar, dass neben der schulischen Bildung der Wissenserwerb in außerschulischen Kontexten für die Entwicklung der Problemlösekompetenz eine höhere Bedeutung haben könnte als für fachbezogene Leistungen. Problemlösekompetenz könnte daher in geringerem Maße schulischen Einflüssen unterliegen als die stärker fachgebundenen PISA-Leistungsdimensionen. Dies sollte sich in geringeren Effekten der Schulform sowie anderer schulischer Kontextvariablen äußern. Im Gegensatz dazu ist die Annahme nahe liegend, dass familiäre Umgebungsvariablen einen stärkeren Effekt auf Problemlöseleistung haben als etwa auf Lese- oder Mathematikleistung.

Der erste Teil des Kapitels befasst sich mit dem in Kapitel 3 beschriebenen analytischen Problemlösen, das per Papier-und-Bleistift-Test an der Gesamtstichprobe der deutschen Ergänzungsstudie untersucht wurde. Hier werden zunächst die Varianzanteile der Schülerleistungen, die auf Unterschiede zwischen Schulen und Schulformen zurückgeführt werden können, untersucht. Weiterhin werden Einflüsse des familiären Hintergrunds sowie spezifische, für Problemlösen als fächerübergreifende Kompetenz interessante Leistungsprädiktoren auf Schul- und auf Schülerebene untersucht. Die Effekte für das analytische Problemlösen werden den entsprechenden Effekten für die fachnäheren Leistungen in Lesen, Mathematik und Naturwissenschaften sowie denen für Intelligenzleistung gegenübergestellt. Der zweite Teil des Kapitels beschäftigt sich mit der Leistung im (in Kap. 4 dargestellten) dynamischen Problemlösen, das in der Stichprobe des dritten Testtages mit computerbasierten Aufgaben untersucht wurde. Auch hier werden Unterschiede zwischen Schulen und Schulformen und Einflüsse des familiären Hintergrunds untersucht; zusätzlich sind hier Effekte individueller Computererfahrung interessant. Als Vergleich werden die entsprechenden Effekte in der Stichprobe des dritten Testtages auch für das analytische Problemlösen sowie für Intelligenzleistungen berichtet. Angesichts der geringen Anteile an Leistungsvarianz zwischen den Bundesländern (vgl. Kap. 3) wurde die Länderzugehörigkeit bei den hier vorgestellten Analysen nicht berücksichtigt. Die Analyse der verschiedenen Einflussfaktoren erfolgt mittels Mehrebenenanalysen (z.B. Hox, 2002; Raudenbush & Bryk, 2002). Dieses Vorgehen wird der komplexen Stichprobenstruktur und der Heterogenität der verschiedenen interessierenden Variablen gerecht; zudem erlaubt es eine Zerlegung der Effekte auf die Schülerleistungen in Effekte zwischen Schülern innerhalb von Schulen und zwischen Schulen.

6.1 Analytisches Problemlösen

6.1.1 Varianz zwischen Schulen und Schulformen

Aufgrund der fächerübergreifenden Natur der Problemlöseaufgaben liegt die Annahme nahe, dass der Einfluss schulischer Faktoren auf Problemlösekompetenz geringer sei als auf die stärker fachgebundenen PISA-Leistungsdimensionen. Um Hinweise auf die Richtigkeit dieser Vermutung zu erlangen, wurde untersucht, wie viel Varianz in der Problemlöseleistung sowie in den anderen Leistungsdimensionen auf Unterschiede zwischen Schulen und Schulformen zurückzuführen ist. Es ist bekannt, dass der weitaus größte Teil der Leistungsvarianz zwischen deutschen Schulen auf Unterschiede zwischen Schulformen zurückgeht (vgl. z.B. Baumert, Trautwein, & Artelt, 2003). Es ist hierbei zu beachten, dass die querschnittlichen PISA-2000-Daten keine kausalen Schlüsse zulassen. Leistungsunterschiede zwischen weiterführenden Schulen sind sowohl durch die Selektion der Schüler nach ihren Schulleistungen in der 4. Klasse als auch durch unterschiedliche Lernbedingungen in den Schulformen bedingt (z.B. Baumert, Trautwein, & Artelt, 2003).

Trotz dieser eingeschränkten Aussagekraft ist es von Interesse, ob sich für Problemlösekompetenz andere Muster in der Zerlegung der Leistungsvarianz finden als in den fachbezogenen Leistungsbereichen. Zusätzlich wurden auch die im Kognitiven Fähigkeitstest (KFT; Heller, Gaedicke, & Weinläder, 1985) erfassten Intelligenzleistungen untersucht, welche für schulisches Lernen relevante kognitive Grundfähigkeiten erfassen sollen.

Als Leistungsmaße für das analytische Problemlösen wurden die in Kapitel 3 beschriebenen *Plausible Values* in der Stichprobe der 15-Jährigen herangezogen. Die Varianz im analytischen Problemlösen wurde in einem ersten Mehrebenenmodell zunächst in Leistungsvariation, die auf Unterschiede zwischen den untersuchten Schulen zurückzuführen ist, und Variation der Leistungen der Schüler innerhalb der Schulen zerlegt. In einem zusätzlichen Modell wurde die Schulform mit ins Modell hinzugenommen und eingeschätzt, welcher Anteil der Unterschiede zwischen den Schulen durch Unterschiede zwischen Schulformen erklärt werden kann. Hierdurch ist eine Zerlegung der insgesamt beobachteten Leistungsstreuung in drei Varianzanteile möglich: (1) Varianz innerhalb von Schulen, (2) Varianz zwischen Schulformen und (3) Varianz zwischen Schulen, die nicht auf Unterschiede zwischen Schulformen zurückzuführen ist. Für die Leistungsbereiche Lesen, Mathematik, Naturwissenschaften und Intelligenz wurde entsprechend verfahren. In Abbildung 6.1 ist die Zerlegung der Leistungsvarianz für die verschiedenen Leistungsbereiche graphisch dargestellt.

Wie ersichtlich, unterscheidet sich der Anteil der auf Unterschiede zwischen Schulen zurückführbaren Leistungsstreuung nicht stark zwischen den Leistungsbereichen. Die Zwischenschulvarianz ist für Lesen mit 53 Prozent am höchsten und für Intelligenzleistung mit 43 Prozent am geringsten. Für Mathematik beträgt der Anteil der Zwischenschulvarianz 49 Prozent, für Naturwissenschaften 46 Prozent und für Problemlösen 47 Prozent. Weiterhin veranschaulicht Abbildung 6.1, dass der weitaus größte Teil der Leistungsunterschiede zwischen Schulen wie erwartet auf Unterschiede zwischen Schulformen zurückgeführt werden kann. Dieser Anteil beträgt für Problemlösen 78 Prozent; für die anderen Leistungsbereiche liegt der auf die Schulform zurückführbare Anteil an

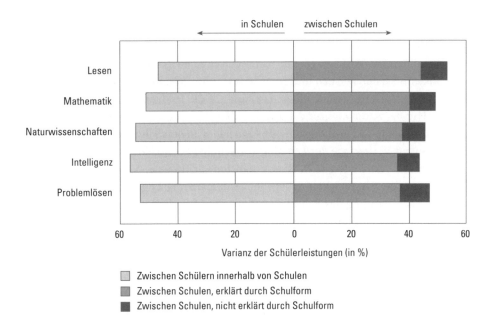

Abbildung 6.1   Zerlegung der Varianz der Schülerleistung in den Bereichen Lesen, Mathematik, Naturwissenschaften, Intelligenz und Problemlösen in Varianz zwischen Schulen, zwischen Schulformen und zwischen Schülern innerhalb von Schulen

Varianz zwischen den Schulen zwischen 82 Prozent (Intelligenz) und 83 Prozent (Lesen). Damit sind die Schulformunterschiede für Problemlöseleistung zwar am niedrigsten, was auch den in Kapitel 3 berichteten regressionsanalytischen Befunden entspricht, der Unterschied zu den anderen Leistungsbereichen ist jedoch gering.

Es finden sich insgesamt keine starken Hinweise darauf, dass Problemlösekompetenz in einem nennenswert geringeren Umfang von schulischen Faktoren beeinflusst würde als andere Kompetenzbereiche. Allerdings ist der Anteil an Zwischenschulvarianz auch für die Intelligenzleistung erheblich, obwohl gerade hier ein relativ geringer Effekt schulischer Lernbedingen plausibel erscheint. Dieser Befund kann als indirekter Hinweis darauf betrachtet werden, dass die Leistungsvarianz zwischen Schulen bzw. Schulformen in hohem Ausmaß auf die Übergangsselektion zurückzuführen ist, während Unterschiede in den die schulischen Lernumwelten selbst nur begrenzt zur Varianzaufklärung beitragen (vgl. auch Baumert, Trautwein, & Artelt, 2003).

6.1.2 Effekte schulischer Aktivitäten

Im vorangegangenen Abschnitt wurden die Zwischenschulvarianz und die Erklärungskraft der Schulformen herangezogen, um Hinweise auf Unterschiede in den Entwicklungsdeterminanten der verschiedenen in PISA 2000 erfassten Schülerkompetenzen zu finden. Diese globalen Indikatoren für den Einfluss schulischer Faktoren lassen keine nennenswerten Unterschiede zwischen Problemlösekompetenz und den fachbezogeneren Kompetenzen erkennen; zudem geben sie kaum Anlass zur Hoffnung, Effekte schulischer Lernumwelten nachweisen zu können. Bevor in den folgenden Abschnitten die Vorhersagekraft von nichtschulbezogenen Variablen untersucht wird, soll dennoch der Versuch unternommen werden, spezifische Faktoren auf Schulebene zu untersuchen, welche einen Einfluss auf die Problemlösekompetenz haben könnten. Hierbei waren aufgrund der fächerübergreifenden Konzeption des Problemlöse-Tests vor allem fächerübergreifende Aktivitäten an den Schulen von Interesse. Als Prädiktoren zur Vorhersage der Leistung auf Schulebene wurde das Niveau an fächerübergreifenden Aktivitäten (z.B. Klassenfahrten, Schulfeste, Veranstaltungen), die Menge an über den Unterricht hinausgehenden Ergänzungsangeboten (AGs) sowie die Skala „Vernachlässigung des Schullebens" aus dem Schulleiterfragebogen als Indikator eines motivationsfördernden Klimas an den Schulen mit aufgenommen. Um die Zusammenhänge dieser ausgewählten Variablen mit den Leistungsergebnissen zu untersuchen, wurden diese in Mehrebenenanalysen als Prädiktoren auf Schulebene verwendet. Um die Effekte der Schulvariablen unabhängig von Schulform und sozialem Milieu der Schulen schätzen zu können, wurden die Schulform und der durchschnittliche berufliche Status der Eltern als Kontrollvariablen mit in die Modelle einbezogen.

Unter Kontrolle der Schulform und des beruflichen Status finden sich keinerlei signifikante Effekte auf die Leistung im analytischen Problemlösen, genauso wenig auf die fachbezogenen Leistungen oder auf Intelligenzleistung. Die verwendeten Schulvariablen scheinen generell nicht geeignet zu sein, leistungsrelevante Charakteristika der Schulen zu erfassen – die Frage nach spezifischen schulischen Variablen, welche einer fächer-übergreifenden Problemlösekompetenz förderlich sind, muss an dieser Stelle unbeant-wortet bleiben.

Ähnliche Ergebnisse hat die Schulforschung seit dem berühmten Coleman-Report (Coleman u.a., 1966) immer wieder verzeichnet. Die Grundsatzfrage „Do schools mat-ter?" wird inzwischen dennoch im Allgemeinen positiv beantwortet, gestützt auf drei Ar-gumente: (1) Die Varianz, die nach Kontrolle von Selektionseffekten verbleibt, ist durch-aus nicht vernachlässigbar. Sie liegt aber wesentlich auf der Ebene der Schulklassen, wo sie eher durch Aspekte wie Unterrichtsqualität und Qualifikationen des Personals zu er-klären wäre, die PISA 2000 nur am Rande erfasst. (2) Der methodische Ansatz der Va-rianzaufklärung, dem auch die hier berichteten Mehrebenenanalysen zuzurechnen sind, sucht allein nach *Unterschieden* zwischen Schulen bzw. Schulformen und ist daher gleichsam blind für Effekte, die sich durch Beschulung als solche ergeben. Solche gene-rellen Effekte sind aber höchst plausibel und auch empirisch nachweisbar, beispielsweise in Ländern mit niedriger Schulbesuchsquote, in historischen Analysen und in Studien zu längeren Phasen fehlenden Schulbesuchs. (3) Untersuchungen zur Schul*entwicklung* zeigen, dass sich durch gezielte Interventionen durchaus Leistungsbilanzen ändern kön-nen. Ein Querschnittssurvey wie PISA 2000 vermag daher die Frage nach der Bedeu-tung schulischer Lernumwelten für die Kompetenzentwicklung nicht definitiv zu be-antworten.

6.1.3 Einfluss familiärer Hintergrundvariablen

In einem weiteren Modell wurde untersucht, inwieweit die erfasste Problemlöseleistung durch familiäre Hintergrundvariablen vorhergesagt werden kann. Die Vielzahl der ver-schiedenen Variablen, welche in diesem Zusammenhang zur Beschreibung des Eltern-hauses herangezogen werden können, werden in der soziologischen Forschung als „Ressourcen" betrachtet, welche der Entwicklung von Kompetenzen förderlich sind. Diese Ressourcen werden häufig klassifiziert in „ökonomisches", „kulturelles" und „soziales Kapital" (z.B. Bourdieu, 1983). Ökonomisches Kapital ist hierbei im Sinne materieller Ressourcen zu verstehen. Kulturelles Kapital bezeichnet Ressourcen, welche die Teilhabe an der bürgerlichen Kultur ermöglichen, zum Beispiel formale Bildungsabschlüsse, aber auch den Besitz materieller Kulturgüter. Soziales Kapital umfasst Ressourcen, die sich aus sozialen Netzwerken in der Familie und im sozialen Umfeld ergeben.

Als Indikator des sozioökonomischen Kapitals wurde für die hier vorgestellten Ana-lysen der höchste *International Socio-Economic Index* (ISEI; siehe Ganzeboom u.a., 1992) innerhalb der Familie als Indikator für den beruflichen Status herangezogen. Diese Va-riable stellt einen starken Prädiktor für Schülerleistungen dar (z.B. Baumert & Schümer, 2001). Die Zusammenhänge zwischen dem beruflichen Status der Eltern und Schüler-leistungen werden häufig als Indikator für soziale Ungleichheiten innerhalb von Bil-dungssystemen herangezogen. Des Weiteren wurden für die folgenden Analysen vor allem Hintergrundvariablen aus dem Bereich des kulturellen Kapitals herangezogen.

Aus dem Bereich des kulturellen Kapitals wurden die Bildung der Eltern sowie der Besitz kulturrelevanter und für die häusliche Lernumwelt relevanter Güter herangezogen. Die formale Bildung der Eltern ist bei PISA nach der *International Standard Classification of Education* (ISCED-97; OECD, 1999a) kodiert, auch hier wurde der jeweils höhere Wert beider Elternteile als Indikator verwendet. Als Variablen zur Beschreibung der häuslichen Lernumwelt wurde der Besitz verschiedener Kulturgüter im Elternhaus herangezogen. Hierbei wurde zum einen ein Index für den Besitz *kultureller Ressourcen* (klassische Literatur, Bücher mit Gedichten, Kunstwerke, Anzahl der Bücher) verwendet, zum anderen ein Index für den Besitz *pädagogischer Ressourcen* (Taschenrechner, eigener Arbeitsplatz, eigener Schreibtisch, Wörterbücher, Schulbücher). Als ein Indikator sozialen Kapitals in der Familie wurde die Häufigkeit der Kommunikation der Eltern mit den Kindern über kulturelle Themen herangezogen. Die Fragebogenskala hierzu beinhaltet gemeinsame Diskussion politischer und sozialer Fragen, Bücher, Filme und Fernsehsendungen sowie das gemeinsame Hören klassischer Musik.

Sämtliche Variablen zur Charakterisierung des familiären Hintergrunds werden zum einen auf Schülerebene („Ebene 1") als auch auf Schulebene („Ebene 2") in der Analyse berücksichtigt. Für die Verwendung auf Schulebene werden die jeweiligen Skalenwerte gemittelt. So wird der Mittelwert des beruflichen Status der Eltern als Eigenschaft der Schule behandelt, ebenso die mittlere Bildung usw. Es ist zu beachten, dass sich durch diese Aggregation die Bedeutung der Variablen verschiebt. Die Skalenwerte auf Schülerebene stellen ein Maß für Eigenschaften des familiären Hintergrunds eines einzelnen Schülers dar. Bei der Verwendung dieser Werte als Prädiktoren auf Ebene 1 wird geschätzt, inwieweit Unterschiede *zwischen Schülern innerhalb einer Schule* mit Unterschieden in der *Schülerleistung innerhalb einer Schule* assoziiert sind. Durch die Aggregation auf Schulebene wird der gemittelte Skalenwert dagegen zu einer „Eigenschaft der Schule", und in der Mehrebenenanalyse wird untersucht, inwieweit Unterschiede *zwischen Schulen* mit Unterschieden in der *mittleren Leistung* der Schüler in den Schulen einhergehen. Diese technische Dekomposition der Effekte auf Schüler- und Schulebene erlaubt noch keine Aussage darüber, ob die Effekte auf Ebene 2 tatsächlich durch Unterschiede in den Lernumwelten der untersuchten Schulen vermittelt wurden. Effekte von auf Schulebene aggregierten Variablen kommen technisch gesprochen dann zu Stande, wenn es hinsichtlich der auf Schülerebene gemessenen Variablen Unterschiede zwischen Schulen gibt und diese Unterschiede systematisch mit Unterschieden in der mittleren Leistung der Schüler in den Schulen assoziiert sind. Dies wäre zum Beispiel der Fall, wenn sich Schulen – etwa durch unterschiedliche Einzugsgebiete – in der Bildung der Elternschaft unterscheiden und sich in den Schulen mit einem höheren mittleren Bildungsniveau höhere mittlere Leistungen zeigen. Dieser Effekt bedeutet noch nicht, dass es einen kausalen Einfluss der Bildung der Elternschaft auf die Lernumwelt der Schule geben muss.

Zu beachten ist in diesem Zusammenhang auch, dass die in Deutschland zu beobachtenden großen Unterschiede im sozialen Hintergrund der Schüler in verschiedenen weiterführenden Schulen zum weitaus größten Teil auf die Selektion nach dem 4. Schuljahr zurückzuführen sind. Es ist daher für schulformübergreifende Analysen wie die hier vorgestellten unerlässlich, die Schulform als Kontrollvariable zu berücksichtigen. Dies wurde in den im Folgenden vorgestellten Modellen durchweg getan: Die Zugehörigkeit zu den verschiedenen Schulformen wurde über entsprechend kodierte Prädiktoren auf Schulebene einbezogen. Unter Kontrolle der Schulform stellen die Bildung der Eltern und andere aggregierte Hintergrundvariablen durchaus eine interessante Variable zur Charakterisierung des Kontextes, in dem die interessierenden Leistungen beobachtet wurden, dar.

Zu beachten ist weiterhin, dass die hier verwendeten Hintergrundvariablen untereinander korreliert sind (einfache Korrelationen zwischen r = .13 für beruflichen Status und pädagogische Ressourcen und r = .47 für beruflichen Status und Bildung). Die bei gleichzeitiger Verwendung dieser Variablen als Prädiktoren in den Mehrebenenanalysen resultierenden Zusammenhänge sind daher für jede Variable auf beiden Ebenen als jeweils unter statistischer Kontrolle der anderen Variablen zu interpretieren. Das bedeutet, dass der Effekt einer einzelnen Hintergrundvariablen so zu betrachten ist, „als ob die anderen Variablen konstant wären". Dies bedeutet auch, dass die Effekte jeder einzelnen Variable zum Teil deutlich höher ausfallen würden, wenn sie jeweils nur als einziger Prädiktor berücksichtigt werden würde.

Um ein differenzierteres Bild der Effekte der familiären Hintergrundvariablen auf die Schülerleistungen zu erhalten, wurden die standardisierten Koeffizienten der Prädiktoren auf beiden Ebenen berechnet. Diese geben an, um wie viele Standardabweichungen sich die Schülerleistungen verändern, wenn sich der Prädiktor um eine Standardabweichung verändert[1]. Die standardisierten Koeffizienten sind in Tabelle 6.1 aufgelistet.

			Leistungsbereich		
	Lesen	Mathematik	Naturwissen-schaften	Intelligenz	Analytisches Problemlösen
Schulebene					
Beruflicher Status der Eltern	0,096	0,067	0,069	0,067	0,045
Bildung der Eltern	0,058	**0,107**	0,092	0,068	0,087
Kulturelle Ressourcen	0,035	*0,020*	0,041	0,022	0,038
Pädagogische Ressourcen	**0,119**	0,101	**0,097**	**0,080**	**0,107**
Familiäre Kommunikation	0,043	*0,012*	*0,021*	*0,018*	*0,016*
Schülerebene					
Beruflicher Status der Eltern	0,028	0,027	0,032	0,025	0,020
Bildung der Eltern	0,034	**0,038**	**0,042**	**0,027**	0,022
Kulturelle Ressourcen	0,024	0,030	0,021	0,026	**0,032**
Pädagogische Ressourcen	0,009	*−0,008*	*0,002*	*0,004*	*−0,001*
Familiäre Kommunikation	**0,035**	*0,015*	0,024	0,020	0,014

Die innerhalb beider Ebenen jeweils höchsten Koeffizienten für jeden Leistungsbereich sind fett gedruckt, nichtsignifikante Koeffizienten sind kursiv gedruckt.

Tabelle 6.1 Standardisierte Koeffizienten aus den Mehrebenenanalysen zur Vorhersage der Schülerleistungen durch familiäre Hintergrundvariablen unter Kontrolle der Schulform

Auf Schulebene zeigt sich für die pädagogischen Ressourcen im Elternhaus fast über alle Leistungsbereiche hinweg der höchste standardisierte Koeffizient. Für den beruflichen Status und die Bildung der Eltern finden sich auf aggregierter Ebene ebenfalls relativ starke Zusammenhänge mit der mittleren Leistung in den Schulen. Die Effekte der auf Schulebene aggregierten Hintergrundvariablen sind hinsichtlich der Wirkmechanismen, die diesen Zusammenhängen zu Grunde liegen können, nicht leicht zu interpretieren (siehe oben). Dennoch ist festzuhalten, dass der soziale Kontext einer Schule, insbesondere der sozioökonomische Status und das kulturelle Kapital der Elternhäuser, in deutlichem Zuammenhang mit dem Leistungsniveau der Schulen steht, auch wenn die Schulform und die Effekte auf individueller Ebene kontrolliert werden. Namentlich das Vorhandensein pädagogischer Ressourcen in den Elternhäusern erweist sich auf der aggregierten Ebene als interessanter Indikator zur Charakterisierung des leistungsrelevanten Hintergrunds auf Schulebene. Dies gilt für die Problemlösekompetenz ebenso wie für andere Leistungsbereiche.

Die Effekte auf Ebene der Schüler innerhalb von Schulen sind an dieser Stelle inhaltlich interessanter, weil hier direkte Wirkmechanismen vorstellbar sind (wenngleich auch auf dieser Ebene mit den vorliegenden querschnittlichen Daten selbstverständlich keine kausalen Zusammenhänge geprüft werden können). Bei den meisten Leistungsbereichen einschließlich der Intelligenz erweist sich die formale Bildung der Eltern als stärkster einzelner Prädiktor für die beobachtete Schülerleistung. Lediglich für Problemlösen ist mit den pädagogischen Ressourcen im Elternhaus eine Variable der stärkste Prädiktor, der sich direkt auf die häusliche Lernumgebung bezieht. Dies mag einen indirekten Hinweis auf die Bedeutsamkeit der Anregung in der außerschulischen Lernumwelt für die im Problemlöse-Test erfassten fächerübergreifenden Kompetenzen darstellen. Dieser Befund ist allerdings dadurch zu relativieren, dass der standardisierte Koeffizient für die pädagogischen Ressourcen für die anderen Leistungsbereiche, insbesondere für Mathematik, in einer ähnlichen Höhe liegt.

6.1.4 Freizeitaktivitäten

Zusätzlich zum familiären Hintergrund soll untersucht werden, welche Zusammenhänge außerschulisches Verhalten der Schüler mit ihrer Problemlösekompetenz und den Leistungen in den anderen Bereichen aufweist. Hierbei bestand die Vermutung, dass aktive Formen des Freizeitverhaltens generell mit aktivem und dadurch lernförderlichem Verhalten einhergehen. Für Problemlösen als fachübergreifende Kompetenz könnte außerschulisches Verhalten eine noch stärkere Bedeutung haben als für die anderen Leistungsdimensionen.

Als verschiedene Bereiche außerschulischen Verhaltens wurden Indizes für kulturelle Aktivitäten (z.B. Museum, Konzerte) und jugendnormorientiertes Freizeitverhalten herangezogen. Unter jugendnormorientiertem Freizeitverhalten sind vielfältige aktive Formen der Freizeitgestaltung zusammengefasst, zum Beispiel soziale und sportliche Aktivitäten, aber auch der Besuch von Veranstaltungen[2]. Zusätzlich wurde die Häufig-

| | Leistungsbereich | | | | |
	Lesen	Mathematik	Naturwissenschaften	Intelligenz	Analytisches Problemlösen
Schulebene					
Kulturelle Aktivitäten	0,034	*0,006*	0,033	0,033	*0,027*
Jugendnormorientiertes Freizeitverhalten	0,101	0,078	0,076	0,068	0,068
Fernsehkonsum	**−0,128**	**−0,131**	**−0,121**	**−0,108**	**−0,130**
Schülerebene					
Kulturelle Aktivitäten	0,035	0,023	**0,028**	0,024	0,019
Jugendnormorientiertes Freizeitverhalten	**0,049**	**0,027**	0,019	0,025	**0,041**
Fernsehkonsum	−0,038	−0,024	−0,024	**−0,029**	−0,026

Die innerhalb beider Ebenen jeweils höchsten Koeffizienten für jeden Leistungsbereich sind fett gedruckt, nichtsignifikante Koeffizienten sind kursiv gedruckt.

Tabelle 6.2   Standardisierte Koeffizienten aus den Mehrebenenanalysen zur Vorhersage der Schülerleistungen durch Freizeitaktivitäten der Schüler unter Kontrolle der Schulform und des beruflichen Status der Eltern

keit des Fernsehkonsums als eigenständiger Prädiktor hinzugezogen, wobei ein hoher Fernsehkonsum ein eher passives Freizeitverhalten indiziert.

Wie bei der Analyse der familiären Hintergrundvariablen wurden auch die Indikatoren des Freizeitverhaltens sowohl auf individueller Ebene als auch auf Schulebene als Prädiktoren verwendet. Zusätzlich wurden die Schulform sowie der berufliche Status der Eltern als Kontrollvariablen in die Modelle mit aufgenommen. Die resultierenden standardisierten Koeffizienten für die Effekte des Freizeitverhaltens auf beiden Modellebenen sind in Tabelle 6.2 aufgelistet.

Es wird ersichtlich, dass die Quantität des Fernsehkonsums auf aggregierter Ebene in allen Leistungsbereichen den stärksten Prädiktor darstellt. Offensichtlich charakterisiert diese Variable auf Schulebene – selbst bei Kontrolle der Schulform – ein wenig lernförderliches Milieu. Auch auf individueller Ebene zeigt sich durchweg ein signifikanter Zusammenhang zwischen Fernsehkonsum und Leistung, im Bereich der Intelligenzleistung sogar der stärkste unter den untersuchten Indikatoren. Bis auf Naturwissenschaften und Intelligenz erweist sich das jugendnormorientierte Freizeitverhalten als stärkster Prädiktor für Unterschiede in den Schülerleistungen innerhalb der Schulen. Insgesamt unterstützen die Ergebnisse die Vermutung, dass ein aktives Freizeitverhalten mit höheren Kompetenzen einhergeht. Allerdings finden sich hierbei keine für die Problemlöseleistung spezifischen Ergebnismuster. Die Annahme, dass sich für die fächerübergreifende Problemlösekompetenz stärkere Zusammenhänge mit außerschulischen Aktivitäten zeigen ließen, kann somit nicht gestützt werden.

6.2 Analytisches und dynamisches Problemlösen im Vergleich

Mit den in den vorangegangenen Abschnitten dargestellten Analysen ließen sich hinsichtlich schulischer und außerschulischer Determinanten des analytischen Problemlösens keine starken Unterschiede zu den fachnäheren Leistungen in Lesen, Mathematik und Naturwissenschaften finden. Bei der Interpretation dieses Befundes ist zu beachten, dass die im analytischen Problemlöse-Test gestellten Anforderungen denen der
fachbezogenen Aufgaben in einiger Hinsicht ähneln. Auch die Lese- und Mathematik-
aufgaben sind charakterisiert durch Aufgabenmaterial, in dem alle zur Lösung benötigten Informationen gegeben sind. Die „geschickte Anwendung von Wissen", die für die
Lösung der analytischen Problemlöseaufgaben zentral ist (vgl. Kap. 1), ist auch für die
fachbezogenen Aufgaben von Bedeutung; auch die Aufgaben in den fachbezogenen Leistungsbereichen verlangen zum Teil die Anwendung universeller Problemlösestrategien.
Das analytische Problemlösen ist von den fachbezogenen Leistungsbereichen vor allem
durch weniger spezifische Wissensbereiche abgrenzbar, weniger deutlich aber hinsichtlich der Struktur der Aufgaben und der daraus resultierenden kognitiven Anforderungen.

Im Unterschied zum analytischen Problemlösen werden bei den zur Erfassung des
dynamischen Problemlösens eingesetzten Tests (vgl. Kap. 4) vollkommen neue Anforderungen gestellt, indem die zur Lösung benötigten Informationen nicht alle vorgegeben sind, sondern vom Problemlöser durch Beobachten der sich verändernden Problemsituation erschlossen werden müssen. Angesichts der unterschiedlichen Anforderungen im dynamischen Problemlösen soll in den folgenden Abschnitten untersucht
werden, inwieweit sich für diese Kompetenz Hinweise auf von anderen Leistungsbereichen unterschiedliche schulische und außerschulische Entstehungsbedingungen zeigen
lassen.

Als Leistungsmaße für dynamisches Problemlösen wurden die Erfolgsmaße für *Wissenserwerb* und *Wissensanwendung* herangezogen. Um mit den anderen Leistungsmaßen
vergleichbare Ergebnisse zu erhalten, wurden auch für diese Leistungen *Plausible Values*
geschätzt (vgl. Kap. 3 und Anhang C). Grundlage für die Analysen ist die in Kapitel 4 beschriebene Stichprobe des dritten Testtages.

Die beiden verwendeten Leistungsmaße aus dem dynamischen Problemlösen sollen
entsprechend dem Vorgehen für das analytische Problemlösen hinsichtlich ihrer
Zwischenschul- und Zwischenschulformvarianz sowie hinsichtlich der Effekte des familiären Hintergrunds untersucht werden. Angesichts der computerbasierten Vorgabe
der Aufgaben zum dynamischen Problemlösen werden als zusätzliche Fragestellung
noch die Zusammenhänge zwischen den Schülerleistungen in diesem Bereich und der
Vorerfahrung mit Computern untersucht. Aufgrund der Verwendung einer Teilstichprobe sind die Ergebnisse für das dynamische Problemlösen nur eingeschränkt mit den
in den vorangegangenen Abschnitten dargestellten Ergebnissen vergleichbar. Um eine
unmittelbare Vergleichbarkeit der untersuchten Effekte mit denen in anderen Leistungsbereichen zu ermöglichen, wurden die Analysen auf Basis derselben Stichprobe

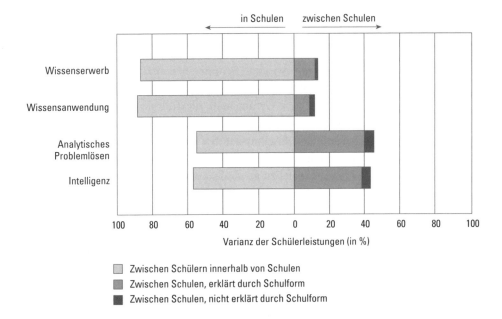

Abbildung 6.2   Zerlegung der Varianz der Schülerleistung in den Leistungsmaßen für Wissenserwerb und Wissensanwendung im dynamischen Problemlösen sowie in den Bereichen analytisches Problemlösen und Intelligenz in Varianz zwischen Schulen, zwischen Schulformen und zwischen Schülern innerhalb von Schulen

auch mit den Leistungsdaten zum analytischen Problemlösen sowie den Intelligenzleistungen durchgeführt.

6.2.1 Varianz zwischen Schulen und Schulformen

Die Varianz in den Schülerleistungen in den Bereichen Wissenserwerb, Wissensanwendung, analytisches Problemlösen und Intelligenz wurden nach dem in Abschnitt 6.1.1 beschriebenen Vorgehen in Varianz innerhalb von Schulen, Varianz zwischen Schulformen und Varianz zwischen Schulen, die nicht auf Unterschiede zwischen Schulformen zurückzuführen ist, zerlegt. In Abbildung 6.2 ist die resultierende Varianzzerlegung für die verschiedenen Leistungsbereiche graphisch dargestellt.

Es wird offensichtlich, dass der Anteil an Leistungsstreuung zwischen Schulen für beide Leistungsmaße aus dem dynamischen Problemlösen wesentlich niedriger liegt (13 % für Wissenserwerb und 12 % für Wissensanwendung) als für analytisches Problemlösen (46 %) und Intelligenzleistung (43 %). Dieser Befund kann einen Hinweis darauf geben, dass die im dynamischen Problemlösen erfassten Kompetenzen tatsächlich unabhängiger von schulischen Einflüssen sind als die für die Papier-und-Bleistift-Tests gemessenen Kompetenzbereiche des analytischen Problemlösens und der Intelligenz.

Anhand von PISA 2003 konnte dieser Befund zwischenzeitlich im Wesentlichen repliziert werden (vgl. Leutner u.a., 2004). Dennoch zeigt Abbildung 6.2 auch für das dynamische Problemlösen einen Zusammenhang zwischen Bildungssystem und Leistung auf: Die bestehenden Unterschiede zwischen Schulformen sind zum größten Teil auf Unterschiede zwischen den in der Stichprobe des dritten Testtages einbezogenen Schulformen Hauptschule, Realschule und Gymnasium rückführbar. Die Ähnlichkeit der Ergebnisse für analytisches Problemlösen und Intelligenz mit den auf der nationalen PISA-2000-Stichprobe basierenden Ergebnissen für die 15-Jährigen (siehe oben, Abschnitt 6.1.1) lässt es legitim erscheinen, die Ergebnisse der Varianzdekomposition über die relativ kleine Teilstichprobe hinaus zu generalisieren.

6.2.2 Familiärer Hintergrund

Zur Vorhersage der Leistungen im dynamischen Problemlösen wurden dieselben familiären Hintergrundvariablen herangezogen wie in Abschnitt 6.1.3: der berufliche Status der Eltern als ein Indikator ökonomischen Kapitals, die Bildung der Eltern sowie kulturelle Ressourcen und pädagogische Ressourcen als Indikatoren kulturellen Kapitals und familiäre Kommunikation als ein Indikator für soziales Kapital. Die einzigen statistisch signifikanten Effekte dieser Hintergrundvariablen finden sich jetzt, in der kleineren Stichprobe, bei Prädiktion der Intelligenzleistung: Hier ist der Effekt des beruflichen Status auf Schul- und auf Individualebene signifikant, und gleichzeitig wird der Effekt der Bildung der Eltern auf Schulebene signifikant. Beim Problemlösen jedoch finden sich keinerlei Effekte der Hintergrundvariablen – weder für die Leistungsmaße im analytischen Problemlösen noch für das dynamische Problemlösen. Sämtliche Koeffizienten auf Schul- und auf Individualebene unterscheiden sich nicht signifikant von null. Auf eine ausführliche Auflistung der Effekte wird daher an dieser Stelle verzichtet.

Da die untersuchten Effekte in der Teilstichprobe des dritten Testtages im Unterschied zur Gesamtstichprobe auch für das analytische Problemlösen nicht nachgewiesen werden können, ist bei einer Verallgemeinerung der Befunde Vorsicht geboten. Eine mögliche Ursache für diese Unterschiede zu den in Abschnitt 6.1.3 berichteten Ergebnissen könnte die mit nur 30 Schulen relativ kleine Stichprobe und die daraus resultierende geringere statistische Teststärke darstellen. Eine große Rolle familiärer Rahmenbedingungen bei der Kompetenzentwicklung im Bereich des dynamischen Problemlösens erscheint angesichts der Ergebnislage dennoch unwahrscheinlich.

6.2.3 Vorerfahrung mit und Interesse an Computern

Als für das dynamische Problemlösen speziell interessante Prädiktoren wurden die Vorerfahrungen der Schüler mit Computern sowie ihr Interesse an Computern untersucht. Als Maß für die Vorerfahrungen der Schüler mit Computern wurde die Skala zur Selbsteinschätzung der Vertrautheit mit dem Computer *(Computer Familiarity)* herangezogen.

	Leistungsbereich			
	Dynamisches Problemlösen		Analytisches Problemlösen	Intelligenz
	Wissenserwerb	Steuerungsgüte		
Schulebene				
Beruflicher Status	*−0,057*	*0,101*	0,145	0,210
Computererfahrung	*−0,004*	*0,018*	*0,019*	*0,031*
Computerinteresse	*−0,030*	*−0,046*	*−0,006*	*0,020*
Schülerebene				
Beruflicher Status	0,081	*0,037*	**0,069**	**0,075**
Computererfahrung	**0,133**	**0,186**	*0,030*	0,057
Computerinteresse	0,075	0,081	*0,026*	*−0,012*

Die innerhalb beider Ebenen jeweils höchsten Koeffizienten für jeden Leistungsbereich sind fett gedruckt, nichtsignifikante Koeffizienten sind kursiv gedruckt.

Tabelle 6.3   Standardisierte Koeffizienten aus den Mehrebenenanalysen zur Vorhersage der Schülerleistungen durch Computererfahrung und Computerinteresse unter Kontrolle der Schulform und des beruflichen Status der Eltern

Als möglicherweise relevante motivationale Variable wurde die Skala Computerinteresse aus dem Schülerfragebogen verwendet.

Beide Variablen wurden, entsprechend dem Vorgehen bei den familiären Hintergrundvariablen (vgl. Abschnitt 6.1.3), sowohl auf Schülerebene als auch aggregiert auf Schulebene als Prädiktoren verwendet, um die Analysen vergleichbar zu halten, auch wenn Effekte der aggregierten computerbezogenen Erfahrung bzw. Motivation nicht zu erwarten waren. Wiederum wurden die Schulform sowie der individuelle und der auf Schulebene aggregierte berufliche Status der Eltern als Kontrollvariablen verwendet. In Tabelle 6.3 sind die aus den Mehrebenenmodellen resultierenden standardisierten Koeffizienten aufgelistet.

Wie ersichtlich, erreicht für die Leistungsmaße aus dem dynamischen Problemlösen unter Kontrolle der Schulform keiner der Prädiktoren auf Schulebene statistische Signifikanz. Für das analytische Problemlösen und die Intelligenzleistung finden sich – in Übereinstimmung mit den in Abschnitt 6.1.3 berichteten Ergebnissen – jeweils bedeutsame Effekte des aggregierten beruflichen Status.

Ein anderes Bild zeigt sich auf der Ebene der Schüler innerhalb der Schulen: Hier erweist sich die selbst eingeschätzte Computererfahrung sowohl für Wissenserwerb als auch für Wissensanwendung als stärkster Prädiktor, bei der Wissensanwendung zeigt sich gleichzeitig für das Computerinteresse ein signifikanter positiver Zusammenhang. Dagegen finden sich keine signifikanten Effekte von Computererfahrung und -interesse auf das analytische Problemlösen. Sowohl für analytisches Problemlösen als auch für Intelligenzleistung stellt der berufliche Status der Eltern auch auf Individualebene den stärksten Prädiktor dar. Die Ergebnisse weisen darauf hin, dass die im dynamischen

Problemlösen erfassten Leistungen einen gewissen mediumspezifischen Anteil haben. Dennoch spricht die Höhe der standardisierten Koeffizienten nicht für eine große praktische Bedeutung von Computererfahrung und Computerinteresse bei der Messung des dynamischen Problemlösens. Die Koeffizienten liegen in ähnlichen Größenordnungen wie die in Kapitel 4 berichteten Produkt-Moment-Korrelationen, der erklärbare Varianzanteil an den beobachteten Leistungsunterschieden im dynamischen Problemlösen ist sehr gering. Wenngleich Computererfahrung und Computerinteresse unter den hier untersuchten Variablen die relativ gesehen stärksten Prädiktoren darstellen, stellt das dynamische Problemlösen dennoch ein von diesen Variablen weitgehend unabhängiges Leistungsmaß dar. Wenn die Effekte anderer Variablen auf das dynamische Problemlösen von primärem Interesse sind, könnte jedoch der Einbezug der Computererfahrung als Kontrollvariable erwägenswert sein. In diese Richtung weist auch der bei Einbezug von Computererfahrung signifikante Zusammenhang zwischen Wissenserwerb und beruflichem Status, der bei der separaten Analyse der familiären Hintergrundvariablen statistische Signifikanz verfehlt.

6.3 Diskussion

Beim computergestützten dynamischen Problemlösen handelt es sich um einen Kompetenzbereich, der nicht nur andere kognitive Prozesse anspricht als die Leistungen, die sonst – mit schriftlichen Aufgabenformaten – bei PISA gemessen werden (vgl. dazu Kap. 1 und 5), sondern auch deutlich geringere Leistungsunterschiede zwischen Schulen und Schulformen aufweist. Hier scheinen in der Tat Anforderungen gestellt zu werden, die weniger eng an durch das Bildungssystem vermittelte Rahmenbedingungen gebunden sind. Allerdings erwies sich mit Ausnahme computerbezogener Erfahrungen und Interessen auch keiner der hier untersuchten Aspekte des individuellen und familiären Hintergrunds als relevanter Prädiktor für die Leistungen im dynamischen Problemlösen. Die Suche nach spezifischen förderlichen Bedingungen für diese Kompetenz bleibt somit eine offene und interessante Frage. Die Effekte von Computererfahrung und -interesse könnten es zweckmäßig erscheinen lassen, diese Variablen bei weiteren Untersuchungen als Kontrollvariablen zu berücksichtigen.

Für das analytische Problemlösen, das heißt die Leistung bei den schriftlichen Projektaufgaben, konnten zwar verschiedene signifikante Prädiktoren auf individueller und schulischer Ebene identifiziert werden; festzuhalten ist aber, dass analytisches Problemlösen sich hinsichtlich Art und Stärke der schulischen und außerschulischen Einflussfaktoren kaum von der Lesekompetenz und fachbezogeneren Leistungen unterscheidet. Somit liefern die hier vorgestellten Ergebnisse keine deutlichen Hinweise darauf, dass die Entwicklung von Problemlösen als fächerübergreifender Kompetenz durch andere und vor allem stärker durch außerschulische Bedingungen bestimmt wird. Als leichte Hinweise auf eine geringfügig schwächere Abhängigkeit des Problemlösens von schulischen Faktoren lassen sich lediglich der vergleichsweise geringe Effekt der Schulform (Abschnitt 6.1.1) und der im Vergleich zu anderen Prädiktoren etwas größere Einfluss des Besitzes pädagogischer Ressourcen im Elternhaus – wie zum Beispiel Taschenrechner, eigener Arbeitsplatz, eigener Schreibtisch, Wörterbücher, Schulbücher – deuten (Abschnitt 6.1.3). Die insgesamt große Ähnlichkeit der Befunde für Projektaufgaben mit jenen für die internationalen *Literacy*-Aufgaben steht im Einklang mit den Überlegungen der Kapitel 3 und 5, wonach analytisches Problemlösen, Lesekompetenz und andere *Literacy*-Dimensionen prinzipiell ähnliche Fähigkeiten erfordern. Sie entspricht zudem Ergebnissen, die Lehmann u.a. (1999, S. 72, sowie 2002, S. 77) aus der Hamburger LAU-Studie berichten, bei der ebenfalls Projektaufgaben als Problemlöse-Maße eingesetzt wurden.

Eine weiteres Ergebnis zum analytischen Problemlösen betrifft die Reproduktion sozialer Ungleichheiten durch das Bildungssystem, ausgewiesen durch den Zusammenhang zwischen familiärem Hintergrund und Schülerleistung. Dass die diesbezüglichen Unterschiede sich für das analytische Problemlösen ebenso finden wie für fachbezogene Leistungen, weist darauf hin, dass die häufig als kritisch betrachteten Ungleichheiten zwischen Schülern verschiedener Herkunft nicht auf fachspezifische Leistungen beschränkt sind. Die Konsequenzen dieser Ungleichheiten für die Chancen der Schüler, zukünftige – zum Beispiel berufliche – Anforderungen erfolgreich zu bewältigen, lassen sich auf den Bereich fächerübergreifenden Problemlösens übertragen.

Betont sei zum Abschluss, dass die Interpretationen des vorliegenden Kapitels – wie die Ergebnisse zu PISA 2000 insgesamt – auf bloßen Querschnittanalysen beruhen. Wegen der Uneindeutigkeit der Wirkmechanismen, die diese Zusammenhänge vermitteln – vor allem der Rolle der Übergangsselektion –, basieren alle Aussagen zu „Effekten" nur auf indirekten Schlüssen. Ohne zusätzliche differenziertere Analysen, idealerweise in experimentellen oder längsschnittlichen Untersuchungsdesigns, müssen Wirkungshypothesen spekulativ bleiben.

Anmerkungen

[1] Hierbei werden für die Effekte auf Schulebene die Streuungen der aggregierten Prädiktoren zwischen den Schulen herangezogen.

[2] Obwohl kulturelle Aktivitäten und jugendnormorientiertes Freizeitverhalten mit unterschiedlichen Items erfasst wurden, bestehen zwischen beiden Indizes teilweise inhaltliche Überlappungen (z.B. Besuch von Kino und Konzerten).

Mareike Kunter, Petra Stanat und Eckhard Klieme

7 Die Rolle von individuellen Eingangsvoraussetzungen und Gruppenmerkmalen beim kooperativen Lösen eines Problems*

7.1 Kooperationsfähigkeit bei Schülerinnen und Schülern

Die Fähigkeit, kooperativ mit anderen Personen zusammenzuarbeiten, gilt als eine der wichtigsten Schlüsselkompetenzen, die Kinder und Jugendliche im Laufe ihrer Schulzeit erwerben sollten (Seyfried, 1995). Im Zuge sich verändernder Organisationsstrukturen mit flacheren Hierarchien und kleineren Arbeitseinheiten scheint die Bereitschaft und Fähigkeit zur Teamarbeit eine grundlegende Voraussetzung für den erfolgreichen Einstieg und Verbleib im Berufsleben zu sein (vgl. Kauffeld & Frieling, 2001; Reichwald & Möslein, 1999). Dies belegen auch Arbeitsmarktanalysen, in denen Stellenausschreibungen oder Anforderungen von Arbeitgebern und Arbeitsmarktexperten ausgewertet wurden: Immer werden neben fachlichen Kompetenzen auch kooperative Fähigkeiten als grundlegende Voraussetzungen für Einstellungen genannt (Dietzen, 1999; O'Neil, Allred, & Baker, 1997).

Gleichzeitig, so wird häufig beklagt, scheinen Jugendliche in Zeiten von veränderten Sozialstrukturen, wie beispielsweise kleineren Familien mit Einzelkindern, gerade diese kooperativen Fähigkeiten immer weniger zu erwerben (Kagan, 1994). Entsprechend geht der Ruf an die Schulen, hier wirksam zu werden und, beispielsweise durch Gruppenarbeit und die Entwicklung von Teamarbeitsprojekten, den Erwerb kooperativer Fähigkeiten in besonderem Maße zu unterstützen (Forum Bildung, 2001).

---

* Kapitel 7 ist eine geringfügig überarbeitete Fassung des Beitrags in Brunner, E. J., Noack, P., Scholz, G., & Scholl, Y. (Hrsg.). (2003). *Diagnose und Intervention in schulischen Handlungsfeldern*. Münster: Waxmann. Wir danken dem Waxmann Verlag für die freundliche Genehmigung für einen Wiederabdruck.

Während somit also weitgehend Einigkeit darüber herrscht, wie wichtig die Fähigkeit, kooperativ zu arbeiten, ist, fehlen oft genauere Definitionen, die beschreiben, welche konkreten Fertigkeiten und Einstellungen sich hinter dem Konstrukt Teamfähigkeit oder Teamkompetenz verbergen (Schuler & Barthelme, 1995). Zwar liegen insbesondere aus der sozialpsychologischen und organisationspsychologischen Forschung eine Reihe an Befunden vor, unter welchen strukturellen Bedingungen Gruppen effektiv arbeiten und welche Schwierigkeiten bei kooperativer Arbeit auftreten können. Welche individuellen Merkmale allerdings Personen, die besonders gut oder besonders schlecht in Gruppen arbeiten, aufweisen, wurde bisher nur selten untersucht (Bungard, 1990).

Diese Lücke in der Forschung zu Teams und Kleingruppen wurde in neuerer Zeit erkannt (Shaw, Duffy, & Stark, 2000), und so liegen mittlerweile einige empirische Untersuchungen vor, die versuchen, individuelle Merkmale der beteiligten Personen mit der gemeinsam erbrachten Gruppenleistung in Beziehung zu setzen (Barrick u.a., 1998; Barron, 2000; Cannon-Bowers u.a., 1995; Shaw, Duffy, & Stark, 2000; Stevens & Campion, 1999; Williams & Sternberg, 1988). Diese Studien, die unter anderem die Bedeutung von allgemeinen kognitiven Fähigkeiten und Persönlichkeitsmerkmalen für effektives kooperatives Arbeiten untersuchen, liefern erste Hinweise darüber, welche Fertigkeiten, Einstellungen oder Wissensbestände möglicherweise unter dem Aspekt der Teamkompetenz zusammenzufassen sind (vgl. Cannon-Bowers & Salas, 1997a, 1997b).

Die vorliegenden Studien beschäftigen sich jedoch ausschließlich mit Gruppenarbeit im Berufskontext, während empirische Arbeiten zur Kooperationsfähigkeit von Jugendlichen oder Kindern kaum zu finden sind. Unter dem Aspekt der gefragten Förderung von kooperativen Fähigkeiten im Schulkontext stellt sich jedoch die Frage, inwieweit die Befunde aus den Studien mit Erwachsenen auch auf die gemeinsame Arbeit zwischen Schülerinnen und Schülern zu übertragen sind. Welche individuellen Voraussetzungen bestimmen, ob Schülerinnen oder Schüler erfolgreich in einem Gruppenkontext arbeiten oder nicht, ist noch weitgehend ungeklärt. Die vorliegende Studie beabsichtigt deshalb, kooperatives Arbeiten von Schülerinnen und Schülern zu untersuchen und individuelle kognitive und soziale Merkmale zu identifizieren, die relevant für erfolgreiche Gruppenarbeit sind. Hintergrund für die Suche nach relevanten individuellen Voraussetzungen ist die Frage nach der Vermittelbarkeit von Kooperationsfähigkeit: Wenn es gelänge, bestimmte Fertigkeiten oder Einstellungen zu bestimmen, die maßgeblich für effektive Gruppenarbeit von Jugendlichen sind, böte sich somit ein erster Ansatzpunkt für weitere Überlegungen zur Erfassung und eventuellen Förderung von Teamkompetenz im Schulkontext. Um die Studie im Kontext der Kleingruppen- und Teamforschung einordnen zu können, wird zunächst ein kurzer Überblick über die Befunde zu relevanten Bedingungen für erfolgreiche Gruppenarbeit gegeben.

7.1.1 Merkmale erfolgreicher Gruppen

Die Forschung zu Voraussetzungen für effektive Gruppenarbeit stammt überwiegend aus dem sozialpsychologischen und organisationspsychologischen Bereich (Bungard,

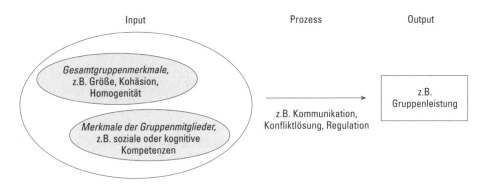

Abbildung 7.1   Das Input-Prozess-Output-Paradigma bei der Analyse von Gruppenarbeit

1990; Levine & Moreland, 1998; Wilke & van Knippenberg, 1997). Gruppenarbeit wird dabei in der Regel unter dem Input-Prozess-Output-Paradigma untersucht, bei dem ermittelt wird, welche Voraussetzungen (Input) zu einem „erfolgreichen" Gruppenergebnis (Output) führen (vgl. Abb. 7.1). Vermittelt wird diese Gruppenleistung über die Prozesse der Gruppenarbeit, wie etwa den Kommunikations- oder Verhandlungsabläufen während der Gruppenarbeit. Bei den typischen Untersuchungen werden Personen unter Laborbedingungen zu Gruppen zusammengeführt und erhalten eine Gruppenaufgabe, die zu bearbeiten ist. Anschließend wird versucht, Merkmale der Gruppe zu bestimmen, die die Güte des Gruppenergebnisses vorhersagen können.

An dieser Stelle sei auf einen Befund hingewiesen, der sich durch die gesamte Forschung zieht, nämlich den der ausgeprägten Aufgabenspezifität von Gruppenarbeit. Gruppen können eine Vielzahl von Aufgabenarten bearbeiten, die von motorischen Anforderungen über kooperative Lernaufgaben bis hin zu kooperativen Problemlösefragen reichen. Studien, die Gruppenarbeit bei verschiedenen Aufgabentypen analysieren, zeigen, dass es kaum möglich ist, generelle Aussagen über günstige Bedingungen zu treffen, wenn die Art der Aufgabe, die die Gruppen bearbeiten, nicht berücksichtigt wird (Eagly & Karau, 1991; Jehn & Shah, 1997; Wilke & van Knippenberg, 1997). Die im Folgenden zusammengetragenen Ergebnisse beziehen sich überwiegend auf Studien, in denen Gruppen kognitive Aufgaben bearbeiten, wie etwa Problemlöseaufgaben oder kreative Denkaufgaben, ohne dass allerdings die Interaktionen in der Gruppe vorstrukturiert sind, wie es häufig bei kooperativen Lernarrangements der Fall ist. Hintergrund für die Auswahl dieses Bereichs ist das Bemühen, „authentische" Gruppenarbeit zu beschreiben, die etwa dem entspricht, was Jugendliche möglicherweise in ihrem Arbeits- oder Schulkontext vorfinden.

Bei der Analyse der Inputbedingungen wird häufig zwischen strukturellen Merkmalen der Gruppe und Merkmalen der individuellen Gruppenmitglieder differenziert (siehe Barrick u.a., 1998). Diese Unterscheidung hat ihren Ursprung in verschiedenen Zielsetzungen, unter denen Gruppenarbeit untersucht werden kann. Soll etwa innerhalb einer Organisation der optimale Kontext für ein Arbeitsteam gestaltet werden, ist es sinnvoll, die Ausgangsbedingungen der Gesamtgruppe zu untersuchen. Wird dagegen beispielsweise die Frage gestellt, wie man Individuen besser auf Gruppenarbeit vorbereiten kann, liegt es nahe, den Fokus auf individuelle Inputvariablen zu legen. Der Großteil der Forschung zu Kleingruppenarbeit und Teamarbeit beschäftigt sich mit der erstgenannten Frage und untersucht strukturelle Merkmale von Gruppen, die die Gruppe als Einheit beschreiben. Hier ist die Gruppengröße ein besonders ausgiebig erforschtes Merkmal (Levine & Moreland, 1998; Wilke & van Knippenberg, 1997). Es ist mittlerweile gut belegt, dass bei den meisten Arten von kognitiven Aufgaben mit zunehmender Gruppengröße vermehrt Koordinations- und Motivationsverluste auftreten. Ein weiteres, relativ häufig analysiertes Gruppenmerkmal ist das der Kohäsion. Unter Gruppenkohäsion versteht man den Zusammenhalt innerhalb der Gruppe; in der Regel finden sich positive Korrelationen zwischen der Gruppenkohäsion und dem Gruppenergebnis (Cohen & Bailey, 1997; Mullen & Copper, 1994). Auch der Aspekt der Heterogenität bzw. Homogenität der Gruppenkonstellation wird immer wieder aufgegriffen. So wurde zum Beispiel in kooperativen Lernarrangements untersucht, ob Lerngruppen, in denen die Schülerinnen und Schüler ähnliche Ausgangsfähigkeiten haben, bessere Lernerfolge aufweisen als Gruppen, in denen die Schülerleistungen stärker streuen. Diese Frage scheint sich nicht pauschal für alle Schülerinnen und Schüler beantworten zu lassen. Es lässt sich beobachten, dass heterogene Ausgangsfertigkeiten eher günstig für leistungsschwächere und sehr leistungsstarke Schülerinnen und Schüler, dagegen aber eher ungünstig für Schülerinnen und Schüler mit mittleren Fähigkeiten sind (Lou u.a., 1996).

Wie bereits erwähnt, ist die Frage nach günstigen strukturellen Voraussetzungen dann interessant, wenn das Ziel der Untersuchung die Ermittlung optimaler Gestaltungsmöglichkeiten für Gruppenarbeit ist. Will man aber die Fähigkeit zu effektiver Gruppenarbeit untersuchen, um diese möglicherweise dann als individuelle Kompetenzen zu vermitteln, gilt es, Gruppeneffektivität und individuelle Eingangsvoraussetzungen der Gruppenmitglieder zueinander in Beziehung zu setzen.

7.1.2 Merkmale der Mitglieder effektiver Gruppen

Neben eher deskriptiven Analysen (Überblick z.B. bei Cannon-Bowers u.a., 1995) liegen bisher nur wenige empirische Untersuchungen vor, die zeigen, welche Merkmale einzelne Personen aufweisen, die besonders effektiv in Gruppen arbeiten können. Dabei zeichnet sich die Erkenntnis ab, dass „Teamkompetenz" kein eng umschriebenes Merkmal darstellt, sondern dass effektive Teamarbeit eine Funktion verschiedener Komponenten ist, die im Wechselspiel miteinander stehen. Diese Komponenten können beispielsweise das Vorwissen einer Person, ihre Fertigkeiten oder ihre Einstellungen sein (vgl. die Rahmenkonzeption zu Teamkompetenz von Cannon-Bowers & Salas, 1997a, 1997b; Cannon-Bowers u.a., 1995). Häufig wird dabei zwischen sozialen und kognitiven Voraussetzungen unterschieden (Williams & Sternberg, 1988).

Gut ausgeprägte soziale Fähigkeiten und kooperative Einstellungen werden, oft unter dem zusammenfassenden Begriff der Sozialkompetenz, als grundlegende Bedingungen für erfolgreiche Gruppenarbeit gesehen (vgl. Bungard, 1990; Schuler & Barthelme, 1995). Als relevante Aspekte sozialer Kompetenz werden beispielsweise die Fähigkeit zur Perspektivenübernahme, empathische Tendenzen, die Fähigkeit zur Konfliktlösung und Kommunikationsfähigkeit diskutiert (Schuler & Barthelme, 1995; Seyfried, 1995). Tatsächlich liegen aber nur wenige Arbeiten vor, die die Bedeutung dieser „klassischen" Aspekte sozialer Kompetenz für erfolgreiches Arbeiten in Gruppen empirisch untersuchen, und die vorhandenen Studien kommen dabei kaum zu konsistenten Befunden. Williams und Sternberg (1988) untersuchten beispielsweise die Bedeutung sozialer Voraussetzungen für die erfolgreiche Kooperation bei einer kreativen Problemlöseaufgabe und konnten so gut wie keine signifikanten Zusammenhänge zwischen diversen sozialen Merkmalen (u.a. Empathie, Extraversion, soziale Ängstlichkeit) der Gruppenmitglieder und der Güte der produzierten Gruppenergebnisse nachweisen. Lediglich für die Fähigkeit, mit schwierigen sozialen Situationen adäquat umgehen zu können, ließ sich ein Zusammenhang mit dem Gruppenprodukt nachweisen. Dabei war allerdings ein negativer Effekt zu beobachten: Gruppen, in denen ein Mitglied einen besonders hohen Wert auf dieser Skala aufwies, produzierten tendenziell schlechtere Gruppenergebnisse. Weitere Erkenntnisse über die Rolle sozialer Voraussetzungen liefern auch zwei neuere Studien aus dem Bereich der Persönlichkeitsforschung, die die Rolle der Big-Five-Persönlichkeitsmerkmale für effektive Gruppenarbeit analysieren (Barrick u.a., 1998; Barry & Stewart, 1997). Tendenziell scheinen Gruppen, deren Mitglieder höhere Ausprägungen an Extraversion aufweisen, effektiver zu arbeiten, wobei allerdings, je nach Art der Gruppenarbeit, auch umgekehrt-u-förmige Beziehungen zwischen Extraversion der Gruppenmitglieder und der Gruppenleistung beobachtet wurden. Für die Bedeutung der anderen Persönlichkeitsmerkmale (Gewissenhaftigkeit, Offenheit, Verträglichkeit und emotionale Stabilität) können keine generellen Aussagen gemacht werden.

Während somit die Bedeutung sozialer Voraussetzungen der Gruppenmitglieder für effektive Kooperation noch nicht zufriedenstellend geklärt ist, stellt sich die Befundlage zu kognitiven Voraussetzungen etwas einheitlicher dar. Hier scheinen einerseits hohe allgemeine kognitive Fähigkeiten der Gruppenmitglieder sowie andererseits aufgabenspezifische Fertigkeiten und Kenntnisse das Gruppenergebnis positiv zu beeinflussen. So ließ sich in der oben erwähnten Studie von Barrick u.a. (1998) ein deutlicher Zusammenhang zwischen den kognitiven Grundfähigkeiten der Gruppenmitglieder und der Gruppenleistung beobachten, und auch in der Studie von Williams und Sternberg (1988) erwies sich die durchschnittliche Intelligenz der Gruppenmitglieder als wichtiger Prädiktor für das Ergebnis. Neben diesen eher unspezifischen kognitiven Voraussetzungen scheinen aber vor allem auch aufgabenspezifische Aspekte eine wichtige Rolle zu spielen. Dies belegt beispielsweise eine Studie von Endres und Putz-Osterloh (1994), in der Studierende ein computersimuliertes Planspiel bearbeiteten; hier zeigte sich vor allem ein Effekt des bereichsspezifischen Vorwissens auf die Gruppenlösung.

Insgesamt betrachtet weisen somit die Befunde zur Rolle individueller Eingangs-voraussetzungen der Mitglieder erfolgreicher Gruppen darauf hin, dass vermutlich Aspekte sozialer Kompetenz, wie etwa Empathie oder Perspektivenübernahme, weniger zum Gruppenerfolg beitragen als kognitive Merkmale. Hierbei scheinen sowohl hohe allgemeine kognitive Grundfähigkeiten als auch ausgeprägte aufgabenspezifische Kompetenzen wichtige Determinanten erfolgreicher Gruppenarbeit darzustellen.

7.1.3 Fragestellung: Teamkompetenz bei Schülerinnen und Schülern

Die referierten Befunde zu Merkmalen effektiver Gruppenarbeit stützen sich ausschließlich auf Studien, in denen kooperatives Arbeiten von Erwachsenen untersucht wurde. Zur Gruppenarbeit von Kindern oder Jugendlichen liegen dagegen bisher kaum Befunde vor. Zwar existiert eine beachtliche Menge an Literatur zur Anwendung von kooperativen Lernarrangements im schulischen Kontext (Gräsel & Gruber, 2000; Slavin, 1996; Webb & Palincsar, 1996), Gruppenarbeit hat aber in diesem Forschungszusammenhang eine andere Bedeutung als bei der hier angesprochenen Fragestellung: Untersuchungen zum kooperativen Lernen beschäftigen sich vor allem damit, aufzuzeigen, wie Gruppensituationen als Lernumfelder für die Vermittlung schulischer Inhalte genutzt werden können. Gruppenarbeit dient somit dem Erwerb individueller Kompetenzen der Gruppenmitglieder. Die Frage nach möglichen Determinanten von Kooperationsfähigkeit geht dagegen der Überlegung nach, wie die individuellen Kompetenzen der Gruppenmitglieder die Gruppenarbeit verbessern können. Zu dieser Fragestellung gibt es so gut wie keine empirischen Studien mit Schülerinnen und Schülern.

Ziel der vorliegenden Studie ist es deshalb, gemeinsames Arbeiten von Schülerinnen und Schülern in einer kooperativen Problemlöseaufgabe zu untersuchen. Dabei ist – anders als bei kooperativen Lernarrangements – das Vorgehen während der Kooperation nicht extern vorstrukturiert, sondern bleibt den Gruppenmitgliedern frei überlassen. Damit soll eine weitgehend natürliche Gruppensituation hergestellt werden, bei der die Gruppenmitglieder gemeinsam an einer Aufgabenstellung arbeiten, indem sie zunächst die relevanten Informationen zusammentragen und anschließend adäquate Lösungen erarbeiten. Der Schwerpunkt der Analysen ist die Bestimmung individueller Eingangsvoraussetzungen, die die Güte des Gruppenergebnisses vorhersagen können. Es soll insbesondere die relative Bedeutung von sozialen und kognitiven Kompetenzen ermittelt werden. Da bisherige Arbeiten zur Bedeutung sozialer Voraussetzungen für Gruppeneffektivität noch wenig schlüssige Befunde liefern, werden unterschiedliche Aspekte sozialer Kompetenz gleichzeitig analysiert. Mit der Fähigkeit zur Perspektivenübernahme und der Bereitschaft zur Empathie werden zwei Konstrukte untersucht, die als grundlegende Bedingungen für jegliche Art von Interaktionen gelten (Rose-Krasnor, 1997). Des Weiteren werden, ausgehend von den Befunden von Williams und Sternberg (1988), die einen negativen Einfluss sozialer Selbsteinschätzungen nachweisen konnten, auch soziale Selbstwirksamkeitsüberzeugungen der Schülerinnen und Schüler erfasst. Außerdem wird die Bedeutung konkreter, auf den Schulalltag bezogener Verhaltenstendenzen der Schülerinnen und Schüler für erfolgreiche Gruppenarbeit untersucht. Befunde anderer Studien weisen darauf hin, dass Jugendliche, die sich bemühen, im Unterricht und bei ihren Freunden unterstützende und verantwortungsvolle Verhaltensweisen zu zeigen, sowohl von ihren Mitschülern als auch von ihren Lehrkräften positiv eingeschätzt werden und darüber hinaus auch bessere akademische Leistungen zeigen (Stanat & Kunter, 2001; Wentzel, 1993a, 1994; Wentzel & Erdley, 1993). Es soll deshalb überprüft werden, ob sich die positiven Effekte derartiger prosozialer Orientierungen auch in der Gruppenarbeit wiederfinden lassen. Bei den kognitiven Voraussetzungen wird zwischen aufgabenverwandten und unspezifischen kognitiven Kompetenzen unterschieden und einerseits die Problemlösekompetenz der Schülerinnen und Schüler und andererseits die allgemeinen kognitiven Fähigkeiten berücksichtigt.

Es wird erwartet, dass – analog zu den Befunden zur Kooperation von Erwachsenen – die kognitiven Kompetenzen der Gruppenmitglieder das Gruppenergebnis besser vorhersagen als die sozialen Kompetenzen. Dabei dürfte die Problemlösefähigkeit als stärker aufgabenverwandte Kompetenz einen größeren Effekt auf die Gruppenlösung haben als die eher unspezifischen allgemeinen kognitiven Grundvoraussetzungen.

7.2 Methode

Die Untersuchung dieser Fragestellung erfolgte im Rahmen der nationalen Erweiterung von PISA 2000, bei der neben fachbezogenen auch fächerübergreifende Kompetenzen von Schülerinnen und Schülern erfasst wurden. Mithilfe von Leistungstests und Fragebögen wurden zunächst die individuellen Voraussetzungen erfasst; anschließend bearbeiteten die Schülerinnen und Schüler eine Aufgabe in Kleingruppen.

7.2.1 Die „Schulgartenaufgabe"

Kernstück der Analysen ist eine Gruppenaufgabe, die im Zuge der nationalen Erweiterung von PISA am Max-Planck-Institut für Bildungsforschung, Berlin, zur Erfassung kooperativer Problemlösekompetenzen entwickelt wurde[1]. Jeweils drei Schülerinnen und Schüler bilden eine Gruppe, die als fiktive Arbeitsgruppe ein Schulprojekt vorbereiten soll. Inhaltlich geht es dabei um das Anlegen eines Schulgartens, und die Aufgabe der Schülerinnen und Schüler besteht darin, zunächst gemeinsame Termine festzulegen (erste Teilaufgabe) und dann die Bepflanzung eines Grundstücks (zweite Teilaufgabe) zu planen. Es werden mehrere Einschränkungen und Bedingungen genannt, die bei der Planung zu berücksichtigen sind. Diese Einschränkungen betreffen zum einen alle Gruppenmitglieder auf die gleiche Weise (z.B. gibt es bestimmte Termine wie Klassenarbeiten, die alle Mitglieder betreffen, an denen die AG nicht stattfinden kann). Zum anderen erhalten die drei Gruppenmitglieder darüber hinaus auch jeweils spezifische Informationen und Bedingungen (vgl. Abb. 7.2). Diese spezifischen Aspekte sind nicht vollständig miteinander vereinbar, sodass eine optimale Lösung, die alle vorgegebenen

---

Termin der AG festlegen (Spieler A)

Im September will sich die Schulgarten-AG vor dem 17.09. noch an drei Nachmittagen treffen. Die AG hat drei Mitglieder, die unbedingt bei allen Terminen dabei sein müssen. Du bist eines von ihnen.

Im September hast du, zusätzlich zu den Schulterminen, die links im Kalender stehen, bereits einiges vor:

a) Deine Oma wird nächsten Montag 65 Jahre alt. Am Samstag darauf ist ein großes Familienfest, wo deine gesamte Verwandtschaft erwartet wird. Du freust dich schon jetzt auf dieses Fest.

b) Am Nachmittag des 16.09. kommt dein bester Freund, um dir seinen Wellensittich zur Pflege zu bringen, da er am Tag darauf für eine Woche verreist.

c) Die ersten zwei bis drei Septembertage hast du dir vorgemerkt, um dein Zimmer neu zu tapezieren und zu streichen.

---

1. Gruppenaufgabe: Termine für die AG festlegen

Lies zuerst für dich!

Ihr habt die Pflanzaktion auf den 17.09. gelegt. Davor müsst ihr euch im September noch dreimal treffen, um den Garten weiter zu planen und vorzubereiten.
Ihr habt euch darauf geeinigt, dass jeder von euch zu allen drei Treffen kommen muss, bei der Planung habt ihr aber alle eure persönlichen Termine sowie die Termine der Schule zu beachten.

Beantwortet gemeinsam die Frage!

An welchen drei Terminen im September vor dem 17.09. wollt ihr euch treffen? Tragt die drei Termine, auf die ihr euch geeinigt habt, in euren Terminkalender auf dem Gruppenarbeitsblatt ein! Das Gruppenarbeitsblatt ist in deinem Testheft rechts abgebildet.
Wahrscheinlich ist es nicht möglich, Termine zu finden, an denen keiner bereits etwas vorhat. Ihr müsst eine Lösung finden, bei der niemand im Vergleich zu den anderen zu sehr benachteiligt wird.

Abbildung 7.2   Auszug aus der „Schulgartenaufgabe"

Bedingungen einhält, nicht möglich ist. Beide Teilaufgaben sind jedoch so konstruiert, dass bestimmte Planungen identifiziert werden können, bei denen die Bedingungen so weit wie möglich erfüllt sind. Entscheidend für die Problemlösung ist dabei der Umstand, dass einige der vorgegebenen Einschränkungen – und dies betrifft alle drei Mitspieler in gleichem Ausmaß – relativ variabel zu handhaben sind. Wie in dem in Abbildung 7.2 gezeigten Beispiel zu erkennen ist, lässt die dritte Bedingung dieses Spielers einen zeitlichen Spielraum zu; in entsprechender Weise sind auch die Bedingungen der anderen Spieler und der zweiten Teilaufgabe gestaltet. Um zur bestmöglichen Lösung zu kommen, ist es somit für die Gruppenmitglieder notwendig, alle Informationen zusammenzutragen, zwischen fest einzuhaltenden und offeneren Bedingungen der Gruppe zu differenzieren und schließlich bei den offeneren Bedingungen einen Kompromiss auszuhandeln. Für die Bearbeitung des gesamten „Projekts" stehen den Schülerinnen und Schülern insgesamt 20 Minuten zur Verfügung, in denen sie gemeinsam ohne weitere Bearbeitungsvorgaben diskutieren können und anschließend die Lösung in einem der Testhefte notieren sollen.

Bei dieser Aufgabenstellung handelt es sich um eine „echte" Gruppenaufgabe, da sie aufgrund der unterschiedlich verteilten Informationen so gestaltet ist, dass keine Person die Aufgabe individuell, ohne die anderen Gruppenmitglieder, lösen kann. Eine solche

Interdependenz zwischen den Gruppenmitgliedern ist ein grundlegendes Erkennungsmerkmal von Kooperation (Cohen, 1994; Levine & Moreland, 1998).

7.2.2 Datengrundlage

Grundlage für die vorliegende Studie sind Daten, die im Rahmen der nationalen Erweiterung von PISA 2000 erhoben wurden. Zusätzlich zu den im internationalen PISA-Design berücksichtigten fächerübergreifenden Kompetenzen (Selbstreguliertes Lernen und *Computer Literacy*) wurde in der deutschen Ergänzung der Studie zusätzlich eine breite Palette an Problemlösefähigkeiten und Aspekten sozialer Kompetenz erfasst (Baumert u.a., 2001, 2003). Neben konventionellen *Paper-and-Pencil*-Aufgaben und Fragebögen kam bei einem Teil der Schülerinnen und Schüler auch die oben beschriebene neu entwickelte kooperative Problemlöseaufgabe zum Einsatz. Die hier berichteten Ergebnisse beruhen auf den Daten einer Teilstichprobe von insgesamt 3.000 15-jährigen Schülerinnen und Schülern aller Schulformen aus allen Bundesländern Deutschlands. Für die Analysen wurden pro Gruppe die Daten von den drei Gruppenmitgliedern aggregiert. Da einige Kleingruppen wegen Verletzung der Instruktionsbedingungen nicht in die Analysen einbezogen wurden (siehe unten), ergibt sich insgesamt ein Stichprobenumfang von 858 Kleingruppen.

7.2.3 Maße

Kriterium

Als Maß für die Güte der Gruppenlösung wird ein Optimalitätsindex aus den Lösungen der beiden Teilaufgaben gebildet. Dieses Gütemaß zeigt, in welchem Ausmaß die Gruppe bei der von ihr vorgeschlagenen Lösung eindeutig festgelegte Bedingungen berücksichtigt hat. Gruppen, die bei ihrer Lösung alle eindeutig festgelegten Bedingungen eingehalten haben, was nur möglich ist, wenn bei den variablen Bedingungen ausgewogene Kompromisse gefunden wurden, erhalten einen Maximalscore von 7 Punkten (Minimum: 0 Punkte, d.h. alle Bedingungen verletzt).

Prädiktoren

Eine Reihe verschiedener kognitiver und sozialer Kompetenzen, die im Rahmen der Gesamtuntersuchung bei allen teilnehmenden Schülerinnen und Schülern erhoben wurden, dienten als Prädiktoren zur Vorhersage der Gruppenleistung.

Individuelle kognitive Kompetenzen
- Individuelle Problemlösekompetenz: Die individuelle Problemlösekompetenz wird anhand eines Papier- und Bleistiftverfahrens von Klieme u.a. (2001) erfasst (siehe Kap. 3). Bei diesen „Projektaufgaben" wird analytisches Problemlösen als Informationsverarbeitung und schlussfolgerndes Denken in Alltagskontexten erfasst. Ähnlich wie bei der Schulgartenaufgabe müssen die Schülerinnen und Schüler in fiktiven Si-

tuationen Informationen sammeln, bewerten und Entscheidungen treffen. Die Summe der richtigen Lösungen in den verschiedenen Teilaufgaben ergibt einen individuellen Problemlöse-Score.

– Allgemeine kognitive Grundfähigkeiten: Zwei Untertests des Kognitiven Fähigkeitstests (Heller, Gaedicke, & Weinläder, 1985), „Figurale Analogien" und „Wortanalogien", kamen zur Erfassung der allgemeinen kognitiven Grundfähigkeiten zum Einsatz.

Individuelle soziale Kompetenzen

Die verschiedenen Aspekte sozialer Kompetenz, die zur Vorhersage der Gruppenaufgabe in die Analysen eingingen, wurden mit einem Fragebogenverfahren erfasst. Bei den verwendeten Skalen handelt es sich um bereits veröffentlichte Skalen verschiedener Autoren, die für die PISA-Erhebung adaptiert wurden. Die Skalen können, wie Zusatzstudien zeigen konnten, als reliable und valide Indikatoren für das Sozialverhalten von Schülerinnen und Schülern gesehen werden (siehe Kunter & Stanat, 2002, 2003; Stanat & Kunter, 2001, für eine Darstellung dieser Befunde). Die erfassten Konstrukte sind jeweils mit Beispielitems und den Skalenreliabilitäten in Tabelle 7.1 aufgeführt und werden im Folgenden kurz beschrieben.

– Perspektivenübernahme: Die Fähigkeit und Bereitschaft, Gedanken und Einstellungen bei anderen Personen zu verstehen und als situationsgebunden zu erkennen, wurde mit einer Skala von Lamsfuss, Silbereisen und Boehnke (1990), die auf dem *Interpersonal Reactivity Index* von Davis (1980) beruht, erfasst.

– Empathie: Unter Empathie wird das Miterleben der emotionalen Reaktionen anderer Personen verstanden. Zur Erfassung der Empathie bei den Schülerinnen und Schülern wurden Items aus einer weiteren Skala von Lamsfuss, Silbereisen und Boehnke (1990), basierend auf dem *Interpersonal Reactivity Index* von Davis (1980), übernommen.

– Soziale Selbstwirksamkeitsüberzeugungen: Den Selbsteinschätzungen über die eigenen Kompetenzen, die weitgehend unabhängig von der tatsächlichen Fähigkeit vari-

Aspekt	Beispielitem	Reliabilität: Cronbachs α
Perspektivenübernahme	Bevor ich Leute kritisiere, versuche ich mir vorzustellen, wie es mir ginge, wenn ich an ihrer Stelle wäre.	.73
Empathie	Ich habe oft Mitgefühl mit Leuten, die weniger Glück haben als ich.	.77
Soziale Selbstwirksamkeitsüberzeugungen	Wenn es darum geht, Freundschaften anzuknüpfen, bin ich ziemlich begabt.	.77
Prosoziale Orientierungen	Wie oft versuchst du deinen Mitschülern bei einer Aufgabe zu helfen, die du schon gelöst hast? Wie oft versuchst du Dinge zu tun, die du anderen Jugendlichen versprochen hast?	.85

Tabelle 7.1   Übersicht über die Skalen zur Erhebung der Aspekte sozialer Kompetenz

ieren können, wird eine handlungsregulierende Funktion zugeschrieben. Die verwendete Skala zur Erfassung von Selbstwirksamkeitsüberzeugungen für Verhalten im sozialen Bereich beruht auf Items aus der *Social-Self-Efficacy*-Skala (Sherer u.a., 1982) und einer Auswahl von Items aus der Skala „Kompetenzbewusstsein – Kontaktfähigkeit" von Fend und Prester (1986).

– Prosoziale Orientierung: Das Konzept der prosozialen Zielorientierungen von Wentzel beschreibt zugewandte und unterstützende Verhaltenstendenzen, die Jugendliche im Schulalltag verfolgen (Wentzel, 1993a, 1993b, 1994, 2000). Jugendliche, die eher prosoziale Zielorientierungen aufweisen, zeigen häufig unterstützende Verhaltensweisen sowohl im Unterricht als auch im Freundeskontext und verhalten sich wenig aggressiv (Wentzel, 1994, 1999; Wentzel & Erdley, 1993). Zur Erfassung der prosozialen Zielorientierungen kam eine überarbeitete Fassung eines Fragebogens von Wentzel zum Einsatz (Wentzel, 1993b), in dem die Jugendlichen angaben, wie oft sie bestimmte Verhaltensweisen im Unterricht und im Freundeskreis zeigen (z.B. anderen Mitschülern helfen, andere trösten, Unterstützung anbieten, Versprechen halten).

Kontrollvariable

Lesekompetenz

Da die Bearbeitung der Gruppenaufgabe vor allem auf Textinformationen basiert, wurde auch die Lesekompetenz der Schülerinnen und Schüler berücksichtigt. Sie wurde durch den in PISA eingesetzten internationalen Leseverständnistest erfasst, aus dem – mit einem Skalierungsverfahren basierend auf der *Item-Reponse*-Theorie (IRT) – ein globaler Lesekompetenzwert gebildet wurde (Artelt u.a., 2001; OECD, 2001).

7.2.4 Aggregierung der individuellen Merkmale auf Gruppenebene

Für die Analysen wurden die Individualmerkmale auf Ebene der Kleingruppen zusammengefasst. Bei der Aggregierung von Individualdaten zu Gruppenwerten kann grundsätzlich zwischen mehreren Verfahren gewählt werden (Barrick u.a., 1998; Williams & Sternberg, 1988): Häufig wird, ausgehend von der Annahme, dass die gepoolten Eigenschaften der Gruppenmitglieder entscheidend für das Gruppenergebnis sind, zur Ermittlung des betreffenden Merkmals jeweils das arithmetische Mittel aus den verschiedenen Merkmalsausprägungen der Gruppenmitglieder gebildet. Geht man davon aus, dass extreme Ausprägungen eines einzelnen Gruppenmitglieds die Gruppenleistung beeinflussen, kann jeweils der höchste Wert oder der niedrigste Wert, den eines der Gruppenmitglieder im betreffenden Merkmal aufweist, als Gruppenwert berücksichtigt werden. Schließlich können auch Maße der Variabilität des Merkmals innerhalb der Gruppe als Indikator verwendet werden. Unabhängig von der absoluten Ausprägung eines Merkmals erhalten so Gruppen, in denen das Merkmal heterogen verteilt ist, einen hohen Gruppenwert, während Gruppen, bei denen eine homogene Merkmalsverteilung vorliegt, einen niedrigen Gruppenwert erhalten. Wie Barrick u.a. (1998) diskutieren, kann je nach Art der Gruppenaufgabe ein jeweils anderes Aggregierungsmodell optimal sein.

Nach der klassischen Aufgabenklassifikation von Steiner (1972) liegt bei der „Schulgartenaufgabe" eine Aufgabenstellung vor, die sowohl konjunktive als auch disjunktive Elemente aufweist. Der erste Schritt der Problemlösung erfordert das Zusammentragen der Informationen und Bedingungen aller Spieler, das heißt, die Güte der Lösung ist von dem einzelnen Beitrag jedes einzelnen Gruppenmitglieds abhängig (konjunktive Aufgabe). Weist hier ein Gruppenmitglied besonders schwache Beiträge auf, kann eine optimale Lösung der Aufgabe nicht mehr erfolgen. Entsprechend dürfte der Minimalwert der individuellen Voraussetzungen ein guter Prädiktor für die Lösung dieses Aufgabenschritts sein. Darüber hinaus muss aber nach Vorliegen aller relevanten Informationen aus einer Vielzahl an Beiträgen eine Gruppenlösung ausgewählt werden (disjunktive Aufgabe). Die Tatsache, dass es keine Optimallösung, sondern nur mehrere annähernd optimale Lösungsmöglichkeiten gibt, schließt das Auftreten eines „Heureka!-Effektes" aus. Wie Wilke und van Knippenberg (1997) darstellen, wird die Güte der Aufgabenlösung bei einer solchen Art der Aufgabenstellung durch die Beiträge des jeweils kompetentesten Gruppenmitglieds bestimmt, wobei allerdings aufgrund von Motivations- oder Koordinationsschwierigkeiten innerhalb der Gruppe auch Lösungen entstehen können, die hinter den Möglichkeiten des „besten" Mitglieds zurückbleiben.

Die von den Kleingruppen aufgezeichneten Lösungen liefern keine Informationen über die Lösungen in den einzelnen Teilen der Aufgabe (Informationen zusammentragen und Entscheidung ableiten). Es lässt sich deshalb nicht überprüfen, ob tatsächlich im ersten Schritt eher der Minimal- und im zweiten Schritt der Maximalwert der Gruppe zur Lösung beitragen. Es wird daher angenommen, dass der Gesamtwert der Gruppenlösung (Kombination der konjunktiven und der disjunktiven Anforderung) am besten durch den Mittelwert der Gruppe in den entsprechenden kognitiven und sozialen Kompetenzen zu erklären ist. Darum werden zunächst alle vier Vorgehensweisen der Gruppenaggregierung (Mittelwertbildung, Wahl des Maximal- bzw. Minmalwerts und Ermittlung der Streuung innerhalb der Gruppe) angewandt und im zweiten Schritt überprüft, ob die Mittelwertbildung das angemessene Aggregierungsverfahren darstellt.

7.3 Ergebnisse

7.3.1 Deskriptive Befunde zur Gruppenaufgabe

Die Interdependenz zwischen den Gruppenmitgliedern, die entscheidend dafür ist, dass die Schulgartenaufgabe eine echte Gruppenaufgabe darstellt, die nur gelöst werden kann, wenn sich alle Gruppenmitglieder an der Lösung beteiligen, beruht auf der Einhaltung bestimmter Instruktionsregeln. So kommt es zum Beispiel bei der zweiten Teilaufgabe (Bepflanzung) nur dann zu einem Zielkonflikt zwischen den Gruppenmitgliedern, wenn die Gruppe bei der Bepflanzung des Gartens jeden der zur Verfügung stehenden Pflanzplätze maximal einmal besetzt. Es wurde deshalb in einem ersten Schritt überprüft, wie viele Gruppen diese Regeln, die gewährleisten, dass die Gruppenbedingungen für alle Kleingruppen gleich gestaltet sind, verletzt haben. Insgesamt traten solche Regelverletzungen bei 142 (14,2 %) Gruppen auf. Diese Kleingruppen werden aus der Auswertung ausgeschlossen, sodass insgesamt 858 Gruppen in die Analysen eingehen. Wie mittels t-Test überprüft wurde, unterscheiden sich die verbleibenden Kleingruppen in ihrer Zusammensetzung nach den kognitiven und sozialen Kriterien nicht signifikant von den ausgeschlossenen.

Die 858 Gruppen erreichen einen mittleren Lösungsgüteindex von 4,3 (SD = 1,5). Somit liegt die mittlere Lösungsgüte über dem theoretischen Skalenmittel von 3,5, weist aber ausreichende Varianz auf, sodass davon ausgegangen werden kann, dass die Aufgabe in ihrem Schwierigkeitsgrad angemessen war.

7.3.2 Zusammenhänge zwischen verschiedenen Methoden der Gruppenaggregierung und dem Gruppenergebnis

In Tabelle 7.2 sind die bivariaten Zusammenhänge zwischen den individuellen Kompetenzen der Gruppenmitglieder und dem Gruppenergebnis zu sehen. Es wurden jeweils die unterschiedlichen Methoden der Gruppenaggregierung berechnet und vergleichend dargestellt. Dabei zeigen sich für die Verwendung des Durchschnittswerts und der Extremwerte innerhalb der Gruppe jeweils fast identische Korrelationsmuster. Betrachtet man dagegen die Streuung der Merkmale innerhalb der Gruppe, zeigen sich so gut wie keine signifikanten Zusammenhänge. Ob also eine kognitive oder soziale Kompetenz eher homogen oder heterogen in der Gruppe verteilt ist, scheint somit nicht bedeutsam für das Erzielen einer guten Gruppenlösung zu sein. Statt der Variabilität der Werte scheint die Höhe der Ausprägungen bei den Gruppenmitgliedern das Gruppenergebnis zu beeinflussen. Tendenziell gilt: Je höher die sozialen und kognitiven Kompetenzen in einer Gruppe ausgeprägt sind, umso bessere Gruppenlösungen wurden gefunden. Die

	Zusammenhang zwischen Güte des Gruppenergebnisses und in der Gruppe vorhandenem/vorhandener			
	Mittelwert	Maximalwert	Minimalwert	Streuung
Perspektivenübernahme	.02	.03	.02	.01
Empathie	.09**	.07*	.07*	.01
Soziale Selbstwirksamkeitsüberzeugungen	−.08*	−.04	−.09**	.08
Prosoziale Orientierungen	.16**	.11**	.14**	.08*
Problemlösekompetenz	.35**	.37**	.29**	.07*
Allgemeine kognitive Grundfähigkeiten	.30**	.29**	.25**	.04
Lesekompetenz	.30**	.29**	.28**	.00

* p < .05, ** p < .01, N = 858.

Tabelle 7.2   Bivariate Zusammenhänge zwischen der Gruppenleistung und der verschiedenen Zusammensetzung der Gruppenmitglieder bezüglich der sozialen und kognitiven Kompetenzen

Vermutung, dass bei der Verwendung des Gruppenmittelwerts die deutlichsten Zusammenhänge mit der Gruppenleistung zu beobachten wären, bestätigt sich nur sehr eingeschränkt. Zwar ist die Höhe der Korrelationskoeffizienten bei diesem Verfahren fast durchgängig größer als bei den anderen Aggregationsmethoden. Die Unterschiede der Effektstärken sind allerdings nur sehr gering ausgeprägt.

Die deutlichsten Zusammenhänge zeigen sich wie erwartet zwischen den kognitiven Maßen und der Gruppenlösung; sowohl allgemeine kognitive Fähigkeiten als auch stärker aufgabenbezogene Problemlösekompetenzen korrelieren deutlich mit dem Gruppenergebnis. Darüber hinaus lässt sich auch ein Zusammenhang zwischen der Lesekompetenz der Schülerinnen und Schüler und der Güte der Gruppenlösung nachweisen. Bei den sozialen Voraussetzungen sind es vor allem die prosozialen Orientierungen, die in einem positiven Zusammenhang mit dem Gruppenergebnis stehen. Auch höhere Empathiewerte sind tendenziell mit besseren Ergebnissen assoziiert, wobei dieser Zusammenhang nur sehr schwach ausgeprägt ist. Dagegen finden sich keine Zusammenhänge mit der Fähigkeit zur Perspektivenübernahme und negative Korrelationen zwischen den sozialen Selbstwirksamkeitsüberzeugungen und der Gruppenlösung, wobei allerdings sehr niedrige Effektstärken zu beobachten sind.

7.3.3 Vorhersage des Gruppenergebnisses durch die Kompetenzen der Gruppenmitglieder

Die bivariaten Korrelationen liefern einen ersten Eindruck von der Bedeutung der kognitiven und sozialen Kompetenzen für die Gruppenarbeit. Um die relative Bedeutsamkeit der verschiedenen Komponenten zu ermitteln, wurden im nächsten Schritt multiple Regressionsanalysen durchgeführt, deren Ergebnisse in Tabelle 7.3 dargestellt sind. Als Gruppenwerte werden in diesen Modellen die Mittelwerte innerhalb der Gruppe verwendet. Durch die zwischen den Prädiktoren bestehenden Interkorrelationen verändern sich die Zusammenhangsmuster bei der simultanen Berücksichtigung der Prädiktoren zum Teil erheblich. Im ersten Modell wurden zunächst nur die sozialen Voraussetzungen zur Vorhersage des Gruppenergebnisses herangezogen. Es bestätigt sich der positive Zusammenhang mit den prosozialen Orientierungen und der negative Einfluss der sozialen Selbstwirksamkeitsüberzeugungen. Für die durchschnittlichen Ausprägungen der Empathie und Perspektivenübernahme lässt sich jedoch kein Einfluss auf das Gruppenergebnis nachweisen. Insgesamt können die sozialen Voraussetzungen allerdings nur einen minimalen Anteil der Varianz der Gruppenlösung aufklären (4 %). Ein größerer Anteil der Varianz wird erklärt, wenn, wie im zweiten Modell geschehen, die durchschnittliche Problemlösekompetenz der Gruppenmitglieder als zusätzlicher Prädiktor aufgenommen wird (R^2 = 13 %). Es zeigt sich ein deutlicher Einfluss der mittleren Problemlösekompetenzen auf die Gruppenleistung, darüber hinaus wird der Einfluss der prosozialen Orientierungen fast gänzlich reduziert. Betrachtet man also zwei Gruppen, deren Mitglieder im Mittel die gleichen Problemlösekompetenzen, aber unterschiedliche Ausprägungen an prosozialen Orientierungen aufweisen, so hat dieser Unterschied für

Mittelwert der Kleingruppe	Kriterium: Güte der Gruppenlösung		
	Modell I	Modell II	Modell III
Perspektivenübernahme	−.07	−.01	−.01
Empathie	.03	.03	.03
Soziale Selbstwirksamkeitsüberzeugungen	−.09*	−.08*	−.08*
Prosoziale Orientierungen	.19**	.05	.05
Problemlösekompetenz		.33**	.32**
Allgemeine kognitive Grundfähigkeiten			.04
Lesekompetenz			.00
R^2	.04	.13	.13

* $p < .05$, ** $p < .01$, N = 858.

Tabelle 7.3 Ergebnisse der Regressionsanalyse zur Vorhersage der Gruppenleistung durch die individuellen Kompetenzen der Gruppenmitglieder

die Güte des Gruppenergebnisses keinen weiteren Effekt. Der tendenziell negative Einfluss der Selbstwirksamkeitsüberzeugungen bleibt – auch wenn er nur eine geringe Effektstärke aufweist – allerdings bestehen. Um zu überprüfen, inwieweit es sich bei dem Einfluss der Problemlösekompetenzen möglicherweise um einen Effekt genereller kognitiver Voraussetzungen handelt, wurden im dritten Modell noch die mittleren kognitiven Grundfähigkeiten als Prädiktoren aufgenommen. Außerdem wurde überprüft, welche Rolle die Lesekompetenz zur Vorhersage spielt, da sich ja auch für diesen Aspekt substanzielle bivariate Zusammenhänge nachweisen ließen. Es zeigt sich jedoch, dass diese beiden bezüglich der vorliegenden Aufgabe eher unspezifischen kognitiven Maße keine zusätzliche Erklärungskraft für die Lösungsgüte besitzen[2]. Ingesamt betrachtet sind es also überwiegend die Problemlösekompetenzen der Mitglieder, die bestimmen, ob eine gute Lösung in der Gruppenaufgabe gefunden wird oder nicht.

7.4 Diskussion

Die vorliegende Studie beschäftigte sich mit der Rolle der individuellen kognitiven und sozialen Voraussetzungen von Schülerinnen und Schülern zur Vorhersage des Gruppenergebnisses bei einer kooperativen Problemlöseaufgabe. Während die Zusammensetzung der Gruppe in Bezug auf Homogenität oder Heterogenität der betreffenden Merkmale keinen Zusammenhang mit dem Gruppenergebnis aufweist, lässt sich ein deutlicher Einfluss der mittleren Problemlösekompetenzen der Mitglieder auf die Lösungsgüte nachweisen. Damit bestätigt die Studie Befunde von Untersuchungen zum kooperativen Problemlösen bei Erwachsenen, die ebenfalls einen deutlichen Effekt der individuellen aufgabenbezogenen kognitiven Voraussetzungen der Mitglieder auf die

Gruppenergebnisse nachweisen (Endres & Putz-Osterloh, 1994). Andere kognitive oder soziale Merkmale der Gruppenmitglieder scheinen darüber hinaus keine Wirkung auf das Gruppenergebnis zu haben. Lediglich die mittleren sozialen Selbstwirksamkeitsüberzeugungen der Gruppenmitglieder liefern einen, wenn auch nur sehr geringen, signifikanten Beitrag zur Erklärung des Gruppenergebnisses, allerdings in einer entgegengesetzten Richtung. Demnach erzielen Gruppen, deren Mitglieder sich durchschnittlich besonders selbstsicher in Bezug auf soziale Situationen einschätzen, tendenziell etwas schlechtere Ergebnisse. Hier lassen sich Parallelen zur Studie von Williams und Sternberg (1988) ziehen, die ebenfalls berichten, dass ein hoher Anteil an Personen, die sich durch hohe Selbstwirksamkeitseinschätzungen bezüglich sozialer Situationen auszeichnen, in der Gruppe eher negativ mit dem Gruppenergebnis zusammenhängt. Möglicherweise hemmen, so Williams und Sternberg (1988), solche so genannten sozialen „eager beavers" (S. 370) das kooperative Arbeiten in der Gruppe durch stark dominantes oder kontrollierendes Verhalten.

Insgesamt bestätigen sich also Befunde anderer Studien zur Gruppenarbeit, die die besondere Bedeutung inhaltlich-kognitiver Aspekte bei kooperativen Aufgaben aufzeigen (Barrick u.a., 1998; Barry & Stewart, 1997; Dann, Haag, & Diegritz, 2000; Stevens & Campion, 1999).

Bei der Interpretation dieser Befunde sollte jedoch die eingangs erwähnte Aufgabenspezifität bei Gruppenarbeit beachtet werden. Auch wenn die vorliegende Gruppenaufgabe eine gut funktionierende Kommunikation und den effektiven Austausch der Schülerinnen und Schüler über ihre jeweils spezifischen Bedingungen voraussetzt, liegt doch der Schwerpunkt der Anforderungen im kognitiven Bereich: Nur wenn die Schülerinnen und Schüler in der Lage sind, das System der Bedingungen zu erfassen und die unterschiedliche Wertigkeit der verschiedenen Einschränkungen zu verstehen, können gute Aufgabenlösungen erarbeitet werden. Ob möglicherweise bei anderen Aufgabenstellungen soziale Voraussetzungen eine wichtigere Rolle spielen, wäre eine lohnenswerte Fragestellung.

Die in der Studie verwendeten Inputprädiktoren konnten die Varianz der Gruppenergebnisse nur zu einem geringen Teil erklären, ein großer Anteil der Variabilität bleibt aber ungeklärt. Auch diese Erkenntnis deckt sich mit der Befundlage zur effektiven Gruppenarbeit bei Erwachsenen: Dort lässt sich in neuerer Zeit immer mehr der Trend festmachen, den Fokus nicht mehr auf die Betrachtung der Eingangsbedingungen von Gruppen, sondern auf die während der Gruppenarbeit ablaufenden Prozesse zu legen (Barry & Stewart, 1997; Jehn & Shah, 1997; Weldon, Jehn, & Pradhan, 1991). Anstatt die stabilen Merkmale der Gruppenmitglieder zu untersuchen, fragen derartige Studien danach, welches Verhalten die Gruppenmitglieder zeigen, wie sie die Aufgabenlösung steuern, welche Merkmale die Kommunikation aufweist, wie Konflikte gelöst werden usw. Häufig geschieht dies durch Videobeobachtungen während der Gruppenarbeit, was im Rahmen des hier verwendeten *Large-Scale*-Ansatzes nicht möglich war. Eine erste Analyse von Prozessen bei der Kooperation von Schülerinnen und Schülern legen Dann und Diegritz (1999) mit ihrer Studie zu Gruppenarbeit im Hauptschulunterricht vor. Dort belegen sie unter anderem, dass Gruppen, in denen ein Gruppenmitglied einen autoritären Führungsstil zeigt, insgesamt weniger aufgabenorientiert arbeiteten, was folglich die Qualität der Arbeitsergebnisse beeinträchtigte. Solche Studien sind besonders unter dem Aspekt potenzieller Förderansätze interessant: Gelingt es, Elemente günstiger Gruppenprozesse zu identifizieren, könnte dies Ansatzpunkte für konkrete Verhaltensinterventionen liefern. Auch hier ist jedoch die geringe Übertragbarkeit zwischen verschiedenen Arten der Gruppenarbeit zu beachten. Die Befunde unserer Studie wiesen darauf hin, dass die besten Prädiktoren für gute Gruppenarbeit diejenigen sind, die eng mit der Aufgabenstellung verbunden sind, während aufgabenunspezifische Aspekte eher weniger Bedeutung hatten. „Teamkompetenz" scheint somit vor allem auch immer eine inhaltsbezogene Kompetenz zu sein: Je bessere Fähigkeiten ein Schüler oder eine Schülerin in einem inhaltlichen Bereich aufweist, umso effektiver wird er oder sie vermutlich auch Gruppenaufgaben zu diesem Inhaltsbereich bearbeiten können.

Anmerkungen

[1] Die Schulgartenaufgabe wurde – aufbauend auf einer Einzelaufgabe, die von Judith Ebach entwickelt wurde – von Eckhard Klieme, Katja Karrer und Simone Steinberg konstruiert.

[2] Die deutlich niedrigeren Effektstärken der Beta-Koeffizienten für Lesekompetenz und kognitive Grundfähigkeiten im Vergleich zu den bivariaten Korrelationskoeffizienten sind nicht auf Abhängigkeiten zwischen diesen beiden kognitiven Variablen zurückzuführen. Die Höhe der Koeffizienten ändert sich nicht, wenn man jeweils nur einen der beiden Prädiktoren und die allgemeine Problemlösekompetenz berücksichtigt.

Anhang

A Regulationsmaß des Wissenserwerbs (Joachim Wirth[*])

Im vorliegenden Anhang A wird ein quantitatives Maß dargestellt, das Joachim Wirth im Rahmen seiner Dissertation entwickelt hat, um beim Raumfahrtspiel – dem in Kapitel 4 behandelten Instrument zur Erfassung des dynamischen Problemlösens – die Selbstregulation des Wissenserwerbs zu messen. Hierbei wird auf der Grundlage verhaltensbasierter Daten zum einen das Ziel bestimmt, auf das ein Lernprozess innerhalb eines bestimmten Zeitraums ausgerichtet ist. Zum anderen wird das Ausmaß an Selbstbestimmtheit eingeschätzt, mit dem dieser Lernprozess reguliert wird. Nach der Darstellung dieses Maßes folgt eine Beschreibung, wie mit seiner Hilfe Prozessmerkmale des Regulationsverlaufs modelliert und bewertet werden können.

Zur Erfassung eines Prozesses muss, wie oben dargestellt, auf ein dynamisches System zurückgegriffen werden, da statische Verfahren ausschließlich Resultate von Prozessen erheben können. Von denen aus der Literatur bekannten dynamischen und komplexen Systemen zeichnen sich Finite Automaten dadurch aus, dass sie aufgrund ihrer umfassenden, formalen Beschreibbarkeit auf der Basis des Problemraumkonzepts gegenüber anderen dynamischen und komplexen Simulationen bedeutsame testtheoretische Vorteile aufweisen. Aus diesem Grunde wird für die Konstruktion eines dynamischen Verfahrens zur Bewertung der Regulationsgüte von Lernprozessen ein Finiter Automat, namentlich der vorgestellte Heidelberger Finite Automat (HFA) (siehe Abb. 4.1), genutzt.

Logfile-Daten. Als computerbasierte Simulation schreibt der HFA jeden Systemeingriff, der während der Bearbeitung in Form von Anklicken der roten Schalter (der Eingabesignale) ausgeführt wird, in ein so genanntes Logfile. In diese Protokolldatei wird für jeden Mausklick, den eine Person ausführt, eingetragen, in welchem Zustand das System sich befindet, um welchen Eingriff es sich handelt und wann dieser Eingriff ausgeführt wird. Diese so gewonnenen Daten [...] weisen [...] keine Verzerrungen auf, wie

---

[*] Auszug aus Wirth, J. (2004). *Selbstregulation von Lernprozessen.* Münster: Waxmann, S. 83–107. Abdruck mit freundlicher Genehmigung des Waxmann Verlags.

sie bei Selbstangaben oder bei der Methode des lauten Denkens aufgrund von Reflexion oder sozialer Erwünschtheit nicht auszuschließen sind. Mit allen Logfile-Maßen
haben sie jedoch ebenso gemeinsam, dass sie reine Verhaltensdaten sind, die keine direkte Erfassung kognitiver Prozesse erlauben. Auf die einem Eingriff zu Grunde liegende Kognition kann nur geschlossen werden.

[...]

Identifikation und Integration

Bei der Nutzung von Logfile-Daten kann die Güte der Lernprozessregulation nur auf
der Grundlage beobachtbaren Verhaltens bewertet werden, welches sich in ausgeführten Eingriffen und Eingriffssequenzen zeigt. Zu diesem Zweck ist für jeden Eingriff einzuschätzen, welche Funktion er in Bezug auf die Erreichung der beiden Lernteilziele
erfüllt bzw. erfüllen kann. Das bedeutet, dass jeder einzelne Eingriff danach bewertet
werden muss, welchen Beitrag er zur Identifikation von Informationen leistet und wie
förderlich er in Bezug auf die erfolgreiche Integration der Informationen ist.

Identifikation im Umgang mit dem Heidelberger Finiten Automaten. Umfassendes Wissen
bedeutet in Bezug auf einen Finiten Automaten, dass nicht nur jeder mögliche Zustand
des Automaten bekannt ist. Zusätzlich ist im Idealfall vollständiges Wissen über die darin
zur Verfügung stehenden Eingriffsalternativen samt ihrer Ausführungsbedingungen verfügbar. Die notwendige Voraussetzung für ein vollständiges Wissen ist, dass jeder Systemzustand besucht wird und dass in jedem Zustand jede präsentierte Eingriffsalternative mindestens einmal ausgeführt wird. Erst durch das Ausführen eines Eingriffs werden Informationen über diesen Eingriff erzeugt und dadurch wahrnehmbar. Ein Eingriff
führt dabei immer dann einen Schritt weiter in Richtung eines vollständigen Wissens,
wenn damit neue Informationen über einen Zustand bzw. über eine Eingriffsalternative
dieses Zustands wahrgenommen und der weiteren Informationsverarbeitung zugänglich
gemacht werden. Dies kann immer genau dann geschehen, wenn ein Eingriff in einem
Systemzustand zum ersten Mal ausgeführt wird. Wenn zum Beispiel eine Person zum
ersten Mal den HFA in [einen] Zustand überführt hat, wird ihr auch jede der 20 dargestellten Eingriffsalternativen das erste Mal in diesem Zustand präsentiert. Egal welchen
Eingriff sie in diesem Zustand ausführen wird, er wird zu neuen Informationen führen,
die die Person identifizieren kann. [...] Eingriffen, die das erste Mal ausgeführt werden,
kann in Bezug auf den Wissenserwerb die Funktion zugeschrieben werden, Informationen identifizierbar zu machen und so den Umfang an Wissen über das System zu erweitern, unabhängig davon, ob sie den Systemzustand ändern oder nicht. Das erste Mal ausgeführte, identifizierende Eingriffe tragen so zur Vervollständigung des Wissen bei.

Integration im Umgang mit dem Heidelberger Finiten Automaten. Um die spätere Abrufbarkeit der identifizierten Informationen zu gewährleisten, sollten diese so in die Wis-
sensbasis integriert werden, dass der kognitive Aufwand, der für ihren Abruf eingesetzt

werden muss, möglichst gering ist. Ein nahezu automatischer und nicht notwendiger-
weise bewusster Abrufprozess ist durch eine Prozeduralisierung von Wissen möglich.
Diese Form der Integration kann durch extensives Üben („Einschleifen"; Aebli, 1983) in
Form von wiederholter Wissensanwendung erreicht werden [...]. Im Bezug auf Finite
Automaten bedeutet ein extensives Üben ein häufiges, wiederholtes Ausführen dersel-
ben Eingriffe. [...]

Je häufiger ein Eingriff wiederholt wird, desto geringer wird der kognitive Aufwand,
der für den Abruf des ihm zu Grunde liegenden Wissens notwendig ist. Müller, Funke
und Buchner (1994) machen außerdem auf die Bedeutung von Konzepten sequenziel-
len Lernens aufmerksam. In Anlehnung an Servan-Schreiber und Anderson (1990) neh-
men sie an, dass im Sinne eines „competitive chunkings" einzelne Wissenseinheiten miteinander verknüpft und zu einer eigenständigen Wissenseinheit verarbeitet werden (vgl.
Miller, 1956). Dies führt zu einer Abrufbarkeit größerer Wissenseinheiten bei gleichem
kognitiven Aufwand, was insbesondere bei begrenzter Verarbeitungskapazität zu Per-
formanzsteigerungen führen kann. Frensch (1991, 1994) und auch Müller, Funke und
Buchner (1994) konnten zeigen, dass die Komposition solcher neuer Wissenseinheiten
insbesondere durch häufiges Wiederholen einer Handlungssequenz erreicht werden
kann.

Unabhängig davon, ob einzelne Eingriffe oder ganze Eingriffssequenzen betrachtet
werden, lässt sich festhalten, dass dem wiederholten Ausführen eines Eingriffs die integrierende Funktion zugeschrieben werden kann, mit der die spätere Abrufbarkeit des Wissens über das System gewährleistet wird. Wiederholt ausgeführte Eingriffe tragen also
dazu bei, dass die einmal identifizierten Informationen auch zu späteren Zeitpunkten
noch verfügbar sind.

Identifizierende versus integrierende Eingriffe. Das erste Ausführen eines Eingriffs dient der
Identifikation neuer Informationen zur Vervollständigung des Wissens, das wiederholte
Ausführen der Integration dieses Wissens mit dem Ziel der späteren Verfügbarkeit des
Wissens. Ob ein Eingriff das erste Mal oder wiederholt ausgeführt wurde, kann aus den
Logfiles des HFA gelesen werden. Somit lässt sich für jede Person, die selbstreguliert
Wissen über den HFA durch den Umgang mit diesem erwirbt, angeben, ob sie im Ver-
lauf des Lernprozesses eher identifizierende oder eher integrierende Eingriffe tätigt. Als
Index dafür, welche Art von Eingriffen häufiger ausgeführt werden, ist für einen festgelegten Zeitraum das Verhältnis von identifizierenden zu integrierenden Eingriffen be-
rechenbar. Tätigt zum Beispiel eine Person A innerhalb eines Zeitraums zehn Eingriffe,
und dienen davon sechs dem Integrieren und vier dem Identifizieren, drückt der Quotient $odds_b$ = 6 : 4 = 1,5 aus, dass Person A innerhalb dieser Minute mehr integrierende
als identifizierende Eingriffe tätigt[1]. Dabei ist der Quotient unabhängig von der Gesamtanzahl an Eingriffen. Werden zum Beispiel innerhalb einer Minute von einer Person B nicht zehn, sondern 20 Eingriffe durchgeführt, von denen zwölf eine integrierende
Funktion besitzen, errechnet sich für Person B dasselbe Verhältnis von $odds_b$ = 12 : 8 =
1,5. Durch dieses Verhältnis wird das beobachtete Eingriffsverhalten dahingehend be-

wertet, ob mehr integrierende oder mehr identifizierende Eingriffe innerhalb eines festgelegten Zeitraums ausgeführt werden.

Dieser Index lässt jedoch keine Aussagen über die dem Verhalten zu Grunde liegende Regulation zu. Aus dem beobachteten Verhalten allein ist zum Beispiel nicht ersichtlich, ob Person A genauso viel Wert auf die Integration von Informationen gelegt hat wie Person B oder ob das vermehrte Ausführen integrierender Handlungen eher auf eine hohe Anzahl präsentierter Eingriffsalternativen zurückzuführen ist, die ihr bereits bekannt sind. Um vergleichende Aussagen über die Regulation des Lernprozesses machen zu können, ist es erforderlich, dass der Quotient $odds_b$ in Bezug gesetzt wird zu den während des Prozesses zur Verfügung stehenden Eingriffsalternativen. Aufgrund der Selbstregulation des dynamischen Systems sind diese interindividuell unterschiedlich, weshalb der Index $odds_b$ für sich genommen keinen Vergleich zwischen Lernprozessen von Person A und B und ihrer zu Grunde liegenden Regulationen erlaubt.

Interindividuelle Vergleichbarkeit

Für die Vergleichbarkeit selbstregulierter Prozesse im Umgang mit dynamischen Systemen müssen die per Logfiles erfassten Systemeingriffe an der jeweils individuellen Auswahl an zur Verfügung stehenden Eingriffsalternativen, beim HFA als rote Schalter präsentiert, relativiert werden [...], sodass zumindest rechnerisch eine Chancengleichheit zwischen Personen besteht. Die beobachteten Eingriffe, die eine Person im Umgang mit dem HFA bezogen auf den Wissenserwerb tätigt, werden wie oben erläutert danach bewertet, ob sie erstmalig oder wiederholt ausgeführt werden. Um das so charakterisierbare Lernverhalten an den einer Person zur Verfügung stehenden Eingriffsalternativen relativieren zu können, muss analog dazu auch jede dieser Alternativen danach eingestuft werden, ob sie zuvor bereits einmal gewählt wurde oder nicht. Dabei muss diese Einstufung der Eingriffsalternativen immer in Bezug auf den aktuellen Systemzustand geschehen und nach jedem Systemeingriff erneut durchgeführt werden. Hat ein Eingriff zu einer Zustandsänderung geführt, ändern sich auch die Eingriffsalternativen, die in diesem neuen Zustand zur Verfügung stehen, und damit auch das Wissen, auf dessen Basis der nächste Eingriff geplant werden muss. Deshalb ist eine Neubewertung erforderlich. Aber auch wenn sich der Systemzustand nicht geändert hat, hat der Eingriff trotzdem zu Informationen geführt, die das Wissen einer Person über diesen Zustand verändert haben können. Auch in diesem Fall muss unter Berücksichtigung des eben getätigten Eingriffs erneut bewertet werden, welche der Eingriffsalternativen zuvor einmal ausgeführt wurden und welche nicht.

Relation zwischen beobachtetem und erwartetem Verhalten. Für einen gegebenen Messzeitraum kann angegeben werden, wie viele der ausgeführten Eingriffe eine identifizierende und wie viele eine integrierende Funktion erfüllen [...]. Ebenso kann für diesen Messzeitraum über alle darin besuchten Systemzustände berechnet werden, wie viele der in diesen Zuständen präsentierten Eingriffsalternativen bereits zuvor einmal gewählt bzw.

noch nicht gewählt wurden. Diese Werte ergeben eine Vier-Felder-Tafel zur Bewertung der Lernprozessregulation, wie für die beiden Beispielpersonen *A* und *B* [...] in Tabelle A.1 dargestellt. In Zelle *b* wird für den Messzeitraum die Anzahl der Eingriffe eingetragen, welche erstmalig ausgeführt wurden. Zelle *a* enthält die Anzahl wiederholt ausgeführter Eingriffe. Der Quotient $odds_b = a : b$ gibt an, welche Art von Eingriffen häufiger ausgeführt wurde. In dem Beispiel [...] beträgt das Verhältnis *a* zu *b* für beide Beispielpersonen *A* und *B* jeweils $odds_b = 1,5$. Ein dazu analoger Index kann für die Eingriffsalternativen durch den Quotienten $odds_e = c : d$ berechnet werden. Der Index $odds_e$ gibt demnach an, welche Art von Eingriffsalternativen innerhalb eines Messzeitraums häufiger zur Verfügung stand.

Diese Art von Verhältnissen ist unter dem englischen Namen „odds" oder auch dem deutschen Begriff „Wettquotient" bekannt (Rost, 1996). Wettquotienten ergeben sich, wenn die Wahrscheinlichkeiten zweier sich gegenseitig ausschließender Ereignisse zueinander in Beziehung gesetzt werden. Sie drücken die Chance aus, die für ein Ereignis bestimmter Qualität besteht.

Im Falle des $odds_e$ für die zur Verfügung stehenden Eingriffsalternativen wird die Chance angegeben, dass Eingriffsalternativen mit integrierender Funktion gewählt werden[2]. Diese ist für Beispielperson *B* mit $odds_e = 4$ zwölfmal so hoch wie für Person *A*, für die sich ein $odds_e = 0,33$ errechnet. Der $odds_e$ drückt das Verhältnis zwischen integrierenden und identifizierenden Eingriffen aus, das unter der Annahme eines vollständig durch den Zufall determinierten Eingriffsverhaltens zu erwarten ist. Er ist damit gleichzeitig Ausdruck eines Eingriffsverhaltens, das in keiner Weise durch die lernende Person selbst, sondern ausschließlich durch den Zufall und somit fremdbestimmt ist. Für einen gegebenen Zeitraum gibt dieser Wettquotient an, für welche Art von Eingriffen bei einem rein zufälligen Verhalten eine höhere Chance besteht, ausgeführt zu werden. Diese Angabe ist dabei spezifisch für die von einer Person innerhalb eines Messzeit-

	Person A			Person B		
	Ausgeführte Eingriffe		Zur Verfügung stehende Eingriffs-alternativen	Ausgeführte Eingriffe		Zur Verfügung stehende Eingriffs-alternativen
Integration	6	a c	50	12	a c	320
Identifikation	4	b d	150	8	b d	80

$odds_b = 1,5 \qquad odds_e = 0,333 \qquad\qquad odds_b = 1,5 \qquad odds_e = 4$

$or = odds_b / odds_e = 4,50 \qquad\qquad or = odds_b / odds_e = 0,375$

$\log_{(or)} = 1,50 \qquad\qquad\qquad \log_{(or)} = -0,980$

$odds_b$ = Wettquotient zwischen beobachteten, identifizierenden und integrierenden Eingriffen.
$odds_e$ = Wettquotient zwischen erwarteten, identifizierenden und integrierenden Eingriffen.
or   = Odds Ratio.
$\log_{(or)}$ = Natürlicher Logarithmus des Odds Ratios.

Tabelle A.1   Vier-Felder-Tafeln zur Bewertung der Lernprozessregulationen der Beispielpersonen A und B

raums besuchten Zustände und der für diese Person dabei individuell präsentierten Eingriffsalternativen. Der Quotient $odds_e$ kann somit als Referenz herangezogen werden, wenn das beobachtete Verhalten einer Person an ihrer individuellen Chance, dieses Verhalten zu zeigen, relativiert werden soll[3]. Dies entspricht einer Relativierung des beobachteten Verhaltens, von dem angenommen wird, dass es zu einem bestimmten Anteil durch die lernende Person bestimmt ist, an einem erwarteten Verhalten, von dem angenommen wird, dass es vollkommen zufällig ist. Damit wird das Ausmaß an Selbstbestimmtheit geschätzt, die dem Eingriffsverhalten zu Grunde liegt. Die Relativierung erfolgt durch die Berechnung des Quotientenverhältnisses

$$\text{or} = \frac{odds_b}{odds_e} = \frac{a : b}{c : d} . \tag{3}$$

Das $log_{(or)}$-Maß der Selbstbestimmtheit regulativer Prozesse. Dieses mit *Odds Ratio* bezeichnete Verhältnis zweier Wettquotienten kann Werte annehmen, die zwischen $or = 0$ und $or = +\infty$ liegen. Durch seine Logarithmierung wird das Maß auf einen Wertebereich transformiert, der sich von $-\infty \leq log_{(or)} \leq +\infty$ erstreckt. Dieses so erhaltene $log_{(or)}$-Maß als logarithmiertes *Odds Ratio* zeichnet sich dann durch folgende Eigenschaften aus:
- Das Maß besteht aus dem Verhältnis zweier Verhältnisse. Es ist unabhängig von der absoluten Anzahl der Eingriffe. Ob eine Person viele oder wenige Eingriffe pro Zeiteinheit durchführt, fließt nicht in die Bewertung durch dieses Maß ein.
- Die Art der Eingriffe einer Person wird in Relation gesetzt zu den dieser Person individuell präsentierten Eingriffsalternativen. Dadurch wird die testtheoretische Problematik dynamischer Systeme kompensiert, dass jede Person aufgrund des selbstregulierten Wissenserwerbsprozesses einen individuellen Satz an Zuständen, sozusagen einen individuellen Satz an Testitems, bearbeitet. Die individuelle Lerngeschichte geht in die Bestimmung des Prozesscharakters direkt mit ein. Auf diese Weise wird keine Person aufgrund einzelner Handlungsentscheidungen übervorteilt oder benachteiligt, sodass dieses Maß für interindividuelle Vergleiche der Selbstbestimmtheit des Lernprozesses herangezogen werden kann.
- Der Absolutbetrag des Maßes gibt an, wie sehr sich das beobachtete Verhalten von einem rein zufälligen Verhalten unterscheidet. Ein Wert von null zeigt aufgrund der Logarithmierung an, dass während des Messzeitraums genauso häufig identifizierende Eingriffe und genauso häufig integrierende Eingriffe ausgeführt werden, wie es aufgrund der präsentierten Eingriffsalternativen auch für ein rein zufälliges Verhalten zu erwarten ist[4]. Je mehr sich der Betrag des $log_{(or)}$-Maßes von null unterscheidet, desto stärker unterscheidet sich das beobachtete Verhalten von einem rein zufälligen Verhalten und desto stärker ist die Selbstbestimmtheit dieses Verhaltens einzuschätzen.
- Die in dem Betrag ungleich null ausgedrückte Überzufälligkeit des Verhaltens kann als Schätzer für die dem Verhalten zu Grunde liegenden selbstregulierenden Kognitionen genutzt werden. Auf der Basis eines Verhaltensmaßes kann auf interne Akti-

vitäten wie Selbstregulation immer nur indirekt geschlossen werden. Verhalten wird jedoch durch selbstregulative Prozesse stark geprägt, falls die Möglichkeit zur Selbstregulation nicht durch weitere Faktoren beschnitten wird. Es wird deshalb davon ausgegangen, dass ein selbstregulierter, systematischer Wissenserwerbsprozess sich von einem zufälligen, unsystematischen Prozess unterscheidet, weshalb interne, selbstregulierende Kognitionen ihren Ausdruck in überzufälligem, selbstbestimmtem Verhalten finden sollten.

Zielsetzung und beobachtetes Verhalten. Für die Beispielperson A errechnet sich ein $or = 4{,}5$ und damit ein $log_{(or)} = 1{,}50$. Dieser Wert unterscheidet sich deutlich von null, womit angezeigt wird, dass sich das Eingriffsverhalten von Person A deutlich von einem Verhalten unterscheidet, das nur vom Zufall bestimmt ist. Im Umkehrschluss kann damit Person A ein zu guten Teilen selbstbestimmtes Verhalten zugeschrieben werden. Bei der hier verwendeten Kodierung[5] zeigt das positive Vorzeichen des Wertes zudem an, dass Person A innerhalb des Zeitraums deutlich mehr Wert auf das Integrieren von Informationen gelegt hat als auf das Identifizieren neuer Informationen. Im Gegensatz dazu erreicht Person B ein *Odds Ratio* von $or = 0{,}38$ und damit ein $log_{(or)} = -0{,}98$. Auch dieser $log_{(or)}$-Wert unterscheidet sich von null, jedoch nicht ganz so stark wie bei Person A. Ihr Eingriffsverhalten ist demzufolge stärker vom Zufall und damit weniger von der eigenen Regulation abhängig als das von Person A. Zudem tendiert Person B dazu, Informationen zu identifizieren, was durch das negative Vorzeichen ausgedrückt wird. Beide Personen führen mehr integrierende als identifizierende Eingriffe durch, was durch denselben $odds_b$-Wert von $odds_b = 1{,}5$ ausgedrückt wird. Durch die Relativierung zeigt sich aber, dass dieses Verhalten bei Person A darauf zurückgeführt werden kann, dass sie eher integrierende Ziele verfolgt, wohingegen Person B integrierende Handlungen offensichtlich eher vermeidet und mehr Wert auf das Identifizieren von Informationen legt. Obwohl beide Personen, abgesehen von der Gesamtanzahl der Eingriffe, dasselbe Verhalten zeigen, muss ihnen offensichtlich eine unterschiedliche Zielsetzung bei der Gestaltung des Lernprozesses zugeschrieben werden.

Abbildung des Verlaufs der Lernprozessregulation

[...]

Generelle Verlaufsform der Lernprozessregulation. In Abbildung A.1 ist ein möglicher Prozessverlauf der Lernregulation dargestellt[6]. Für diese Darstellung wurde ein Regulationsverhalten im Umgang mit dem HFA simuliert [...]. Dabei wird davon ausgegangen, dass zu Beginn des Wissenserwerbsprozesses das Ziel, neue Informationen zu identifizieren, im Vordergrund steht. Mit zunehmender Anzahl identifizierter Informationen sollte im Verlauf des Lernprozesses immer mehr Wert auf das Integrieren der Informationen gelegt werden, damit dieses so erworbene Wissen später noch leicht und sicher abrufbar ist. Für das Erlernen umfangreicher Informationen und/oder komplexer Informationsstrukturen erscheint es zudem sehr unwahrscheinlich, dass zu irgendeinem

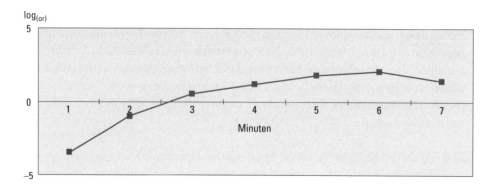

Abbildung A.1   Simulierter Verlauf der Lernprozessregulation

Zeitpunkt eine Person dem Identifizieren keinerlei Bedeutung mehr zuschreibt, da vermutlich nie alle Informationen identifiziert sein werden. Vielmehr sollte sie sich dem Identifizieren wieder verstärkt zuwenden, wenn sie zu der Überzeugung gelangt, dass das bereits erworbene Wissen ausreichend sicher und leicht abrufbar ist.

In der Simulation für Abbildung A.1 wurden zu Beginn der Lernphase ausschließlich Eingriffe getätigt, die zuvor noch nicht gewählt worden waren und die somit zur Identifikation neuer Informationen führen können. Im Laufe der Zeit wurden sukzessive immer mehr bekannte Eingriffe wiederholt. Wurden am Anfang der Lernphase erst möglichst viele der Eingriffsalternativen ausprobiert, wurde im fünften und sechsten Messzeitraum in jedem Systemzustand möglichst nur noch die Alternative gewählt, die zu einer Systemzustandsänderung führt. Es wurde also immer selektiver vorgegangen, weshalb auch immer weniger Informationen über die einzelnen Systemzustände und die darin präsentierten Eingriffsalternativen durch Eingriffe identifiziert wurden. Im siebten Messzeitraum wurden wieder verstärkt bislang unbekannte Eingriffsalternativen gewählt.

Ein solches Verhalten schlägt sich bei der in der vorliegenden Arbeit durchgängig verwendeten Kodierung in anfänglichen negativen $log_{(or)}$-Werten mit hohen Beträgen nieder. Im Verlauf der Zeit ändert sich das Vorzeichen jedoch sehr schnell, und es wird durch positive $log_{(or)}$-Beträge angezeigt, dass die Regulation das Integrieren bereits identifizierter Informationen in den Vordergrund rückt. Die Bestimmtheit, mit der das Integrieren bevorzugt wird, wird jedoch nicht unbegrenzt gesteigert, sondern nimmt nach Erreichen eines bestimmten Maximums wieder ab. Dies schlägt sich in gegen Ende wieder sinkenden $log_{(or)}$-Werten nieder.

Annahmen über generelle Merkmale eines Lernregulationsverlaufs. Der in Abbildung A.1 simulierte Verlauf der Lernregulation spiegelt einen Prozess wider, wie er [...] für ein durchschnittlich erfolgreiches Lernen angenommen wird. Die Verlaufsform ist dabei durch drei Eigenschaften charakterisiert:

- *Ausgangsniveau:* Sie beginnt auf einem deutlich negativen Niveau, wodurch eine starke Zielsetzung auf das Identifizieren von Informationen zu Beginn des Lernprozesses indiziert wird.
- *Wachstum:* Im Verlauf des Lernprozesses strebt das $log_{(or)}$-Maß einen positiven Wert mit immer größer werdendem Betrag an. Dies entspricht einer immer stärker werdenden Bedeutung des Integrierens von Informationen für die Regulation des Lernens.
- *Beschleunigung:* Der Anstieg von anfänglich negativen Werten zu hohen positiven Werten gegen Ende des Prozesses verläuft nicht linear, sondern erfährt eine negative Beschleunigung. Darin schlägt sich nieder, dass bei der Regulation des Lernens die Selbstbestimmtheit, mit der Informationen integriert werden, nicht unendlich gesteigert wird, sondern nach Erreichen eines bestimmten Maximums das Identifizieren neuer Informationen wieder an Bedeutung für die Lernprozessregulation hinzugewinnt.

Annahmen über Verlaufsmerkmale erfolgreicher und weniger erfolgreicher Lernregulationsprozesse. Über die [...] formulierten Annahmen hinausgehend wird im Rahmen der vorliegenden Arbeit vermutet, dass auch sehr erfolgreiches Lernen diese Form des Regulationsverlaufs aufweist, dieser sich jedoch durch extremere Beträge der $log_{(or)}$-Werte auszeichnet.

Eher erfolglose Lernregulationen liegen den Lernprozessen zu Grunde, die für Abbildung A.2 simuliert wurden. Auch für diese vier unterschiedlich extremen Regulationsmuster wurde jeweils der Lernprozess in sieben Messzeiträume unterteilt, woraus sieben Messwerte resultieren.

Minimale Anzahl von Eingriffen. Abbildung A.2a zeigt die Regulation eines „Nullverlaufs", welcher sich zeigt, wenn innerhalb der gesamten Wissenserwerbsphase kein einziger Eingriff in das System getätigt wird. Dieser Fall ist rein theoretisch und kann mit dem $log_{(or)}$-Maß eigentlich nicht dargestellt werden, weil nicht alle Zellen der Vier-Felder-Tafel Werte von $f > 0$ aufweisen. In der Praxis ist es jedoch auch nicht erforderlich, ein derartiges „Nullverhalten" abzubilden, da dieses wohl eher eine Testverweigerung als ein Wissenserwerbsverhalten ausdrückt und Ersteres durch andere Maße erhoben werden kann. In diesem Extremfall kann man nicht zwischen Identifizieren und Integrieren trennen (da weder identifiziert noch integriert wird), sodass den einzelnen $log_{(or)}$-Maßen jeweils der Wert null zugewiesen wird. Damit wird ein Nullverhalten mit einem rein vom Zufall bestimmten Verhalten gleichgesetzt. Auch wenn ein Nullverhalten nicht einem zufälligen Verhalten entspricht, so ist sein Eingriffsmuster am ehesten mit dem eines Zufallsverhaltens zu vergleichen. In beiden Fällen zeichnen sich die Eingriffsmuster dadurch aus, dass erstens weder das Identifizieren noch das Integrieren von Informationen bevorzugt wird und dass zweitens sich dieses im Verlauf des Wissenserwerbsprozesses auch nicht ändert. Dies drückt sich in der Darstellung des Regulationsprozesses dadurch aus, dass zum einen das Niveau des Prozesses auf null gesetzt wird und zum anderen sich dieses Niveau auch nicht durch einen Anstieg oder einen Abfall ändert.

Maximales Identifizieren – minimales Integrieren. In Abbildung A.2b ist ein Regulations- verlauf abgebildet, der durchgehend das Ziel anstrebt, einen einmal besuchten System- zustand immer erst dann zu verlassen, nachdem möglichst viele Eingriffsalternativen dieses Zustands zum ersten Mal ausprobiert wurden. Dieses extreme Regulationsmus- ter führt dazu, dass immer gezielt diejenigen Eingriffsalternativen identifiziert werden, welche keine ändernde Wirkung auf den Systemzustand haben. Nur so ist die maximale Anzahl bisher unbekannter Eingriffsalternativen innerhalb desselben Zustands identi- fizierbar. Dies muss in jedem Systemzustand so lange vollzogen werden, bis keine der- artige Eingriffsalternative mehr zur Verfügung steht. Mit jedem neuen Eingriff ändert sich das Verhältnis zwischen Eingriffsalternativen, die innerhalb dieses Zustands bereits ausprobiert wurden, und den Eingriffsalternativen, deren Wirkung auf den System- zustand noch nicht getestet wurde. Aus diesem Grund zeigt sich bei dieser Extrem- simulation streng genommen auch keine monotone Verlaufsform, sondern diese pen- delt sich über die sieben Messzeiträume eher auf einem bestimmten negativen Niveau ein. Sieht man von den Schwankungen ab, zeigt sich ein Verlauf, der bereits auf einem ausgeprägten, negativen Niveau startet, wodurch eine starke Zielsetzung auf das Identi- fizieren angezeigt wird. Dieses Niveau wird über den gesamten Prozess gehalten. Es ist kein ansteigender Trend in dem Verlauf erkennbar, der eine Hinwendung zu integrie-

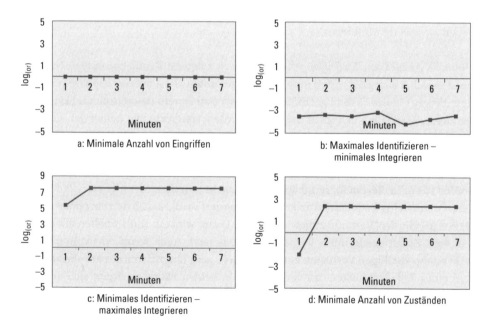

Abbildung A.2a–d   Simulierte Verläufe extremer Lernprozessregulationen

rendem Eingriffsverhalten darstellen würde. Ebenso zeigt sich auch kein weiterer Abfall, der auf eine noch stärkere Bevorzugung identifizierender Eingriffe deuten würde. In diesem Ausbleiben eines Anstiegs bzw. Abfalls ähnelt dieser Verlauf dem in Abbildung A.2a dargestellten Nullverlauf. Während jedoch im Nullverlauf nur ein zufälliges Niveau erreicht wird, ist das in Abbildung A.2b gezeigte Verhalten deutlich selbstbestimmt. Dadurch drückt sich das Ausmaß an Selbstregulation aus, das erforderlich ist, um gezielt alle identifizierenden Eingriffe zuerst auszuführen und integrative Eingriffe regelrecht zu unterdrücken. Durch dieses stark selbstregulierte Verhalten wird demzufolge das maximale Ausmaß an Informationen über möglichst viele Eingriffsalternativen identifiziert. Es ist jedoch zu bezweifeln, dass diese Fülle an Informationen später verfügbar und abrufbar ist, da ihre Integration offensichtlich vermieden wird.

Minimales Identifizieren – maximales Integrieren. Der simulierte Extremverlauf in Abbildung A.2c offenbart eine Lernregulation mit einer genau gegenteiligen Prioritätensetzung. Diese Verlaufsform entsteht, wenn eine Person mit ihrem ersten Eingriff eine zustandsändernde Alternative auswählt und mit ihrem zweiten Systemeingriff in dem neuen Zustand diejenige Eingriffsalternative ausführt, welche genau diese Änderung des Systemzustands wieder rückgängig macht. Besteht das Ziel der Regulation ausschließlich darin, die Informationen über genau diese beiden Eingriffe möglichst leicht und sicher später verfügbar zu haben, führt dies zu einem Wissenserwerbsverhalten, das durch ein unzähliges Wiederholen dieser Eingriffskombination gekennzeichnet ist. Das bedeutet, dass nach den ersten beiden identifizierenden Eingriffen ausschließlich Informationen über genau diese beiden Eingriffe wiederholt angewendet werden und somit bestmöglich integriert werden können. Dies schlägt sich in einem $log_{(or)}$-Maß nieder, welches spätestens ab dem zweiten Messzeitraum einen konstanten Wert annimmt, wenn auch im Gegensatz zu den zuvor besprochenen Verläufen auf einem sehr hohen positiven Niveau. Es ist davon auszugehen, dass die Person nach Ablauf der Zeit die Informationen über diese beiden Eingriffe äußerst sicher und kognitiv wenig aufwändig abrufen kann. Allerdings sind dies auch die einzigen identifizierten Eingriffe.

Minimale Anzahl von Zuständen. Als letzte Extremvariante wird ein Wissenserwerbsprozess dargestellt, bei welchem ausschließlich Informationen über den Ausgangszustand gelernt werden (Abb. A.2d). In dieser theoretischen Simulation werden nie die beiden Eingriffsalternativen ausgeführt, die den ersten Systemzustand in einen anderen Zustand überführen würden. Damit ähnelt dieses Verhalten zu Beginn dem in Abbildung A.2b dargestellten Eingriffsmuster. Im Gegensatz dazu wird der Zustand jedoch nicht gewechselt, nachdem alle möglichen, nichtzustandsändernden Eingriffe identifiziert wurden. Dies bedeutet, dass im weiteren Verlauf ausschließlich integrierende Eingriffe getätigt werden, obwohl noch zwei Eingriffsalternativen in diesem Zustand zur Verfügung stehen, deren Wirkung noch nicht getestet wurde. Insofern ist der Prozessverlauf nach einem anfänglich überzufälligen Identifizieren durch einen Wechsel zu einer deutlichen Zielsetzung auf das Integrieren gekennzeichnet. Ab einem bestimmten Zeitpunkt ändert sich das Ausmaß an Selbstbestimmtheit jedoch nicht mehr, und es ist kein weiterer An- oder Abstieg zu sehen.

Die vier dargestellten Prozessformen sind rein theoretisch denkbare Lernprozessregulationen, welche so empirisch nicht gefunden wurden. Sie dienen ausschließlich der Veranschaulichung des Maßes. Sie demonstrieren, dass ein selbstbestimmtes Regulieren des Lernprozesses nicht per se erfolgreich sein muss. Zumindest für die in Abbildung A.2b–d simulierten Regulationsverläufe muss angenommen werden, dass dieses durchaus selbstregulierte Verhalten entweder zu sehr wenig erworbenem Wissen oder aber zu später nicht mehr verfügbarem Wissen führt. Die Verläufe zeigen sowohl Gemeinsamkeiten als auch Unterschiede auf. Unterschiede zeigen sich in dem Ausmaß an Selbstbestimmtheit, mit dem das Identifizieren oder das Integrieren von Informationen verfolgt wird. Während ein Nullverhalten auf einem zufälligen Eingriffsniveau verbleibt, offenbart der Verlauf in Abbildung A.2b eine stark identifizierende Prozessregulation. Der Verlauf in Abbildung A.2c ist durch eine starke Tendenz zum Integrieren geprägt, während im letzten Verlauf zu Beginn des Wissenserwerbs ein Wechsel vom Identifizieren zum Integrieren vollzogen wird. Gemeinsam haben diese simulierten Regulationsprozesse, dass sie sich alle früher oder später auf einem bestimmten Niveau einpendeln und keinen weiteren Anstieg oder Abfall aufweisen. Es zeigt sich, dass sich extremes Lernverhalten durch sehr geringe bis keine zeitlichen Veränderungen in den $log_{(or)}$-Werten der einzelnen Messzeiträume auszeichnet. Diese Konstanz indiziert dabei die Vermutung, dass dieses Verhalten nur in geringem Maße zu später verfügbarem Wissen führt, sei es, weil versäumt wurde, Wissen zu identifizieren, oder weil nur extrem wenige Informationen sehr vehement integriert wurden.

Modellierung des Verlaufs der Lernprozessregulation

Für die Identifizierung von Verlaufseigenschaften, wie sie in Abbildung A.1 für eine durchschnittliche Lernprozessregulation und in Abbildung A.2 für extreme, erfolglose Varianten des Lernens graphisch dargestellt werden, muss eine Methode gefunden werden, mit der die intraindividuellen Veränderungen in den $log_{(or)}$-Werten im Verlauf des Wissenserwerbsprozesses modelliert werden können. Eine solche Modellierung sollte eine Bewertung der [...] Annahmen über allgemein gültige Verlaufsmerkmale eines Lernregulationsverlaufs durch die Zuordnung von Zahlen ermöglichen. Damit wäre nicht nur überprüfbar, ob der vermutete Regulationsverlauf als allgemein gültig angesehen werden kann. Auch könnten interindividuell unterschiedliche Regulationsprozesse so miteinander verglichen werden, dass sich differenzielle Merkmale oder Merkmalsausprägungen erfolgreicher und weniger erfolgreicher Regulationsverläufe identifizieren lassen.

[...]

LG-Modelle. Autoren wie McArdle (1988, 1998; McArdle & Bell, 2000) oder Meredith und Tisak (1990) haben die Idee von Rao und Tucker ebenfalls aufgegriffen. Sie modifizieren sie jedoch auf eine Art, dass sie mit gegenwärtigen Schätz- und Testprozeduren kombiniert werden können, wie sie in geläufigen Programmen zur Modellierung von Strukturgleichungen wie LISREL (Jöreskog & Sörbom, 1993), EQS (Bentler & Wu, 1995) oder AMOS (Arbuckle, 1995) verfügbar sind. Explizites Anliegen bei dieser Form der Modifizierung ist es, die Methoden zur Modellierung individuellen Wachstums mit Verfahren der Kovarianzstrukturanalyse zusammenzubringen. Dadurch lassen sich die im Rahmen der Strukturanalysen möglichen Modellgütebewertungen für die Untersuchung interindividueller Unterschiede in den Wachstumsverläufen nutzen. Möglich wird dies, indem Entwicklung als ein Faktor oder als eine Gruppe von Faktoren modelliert wird. Diese Faktoren werden als dem Prozessverlauf latent zu Grunde liegend angenommen, woraus die Bezeichnung *Latent Growth Curve Model* (LGM) für diese Art von Prozessabbildungen resultiert. Die Modellierung latenter Wachstumskurven weist dabei hohe Ähnlichkeit mit Modellen der klassischen konfirmatorischen Faktorenanalyse auf. Latente Faktoren werden als gemeinsame chronometrische Faktoren interpretiert, welche individuelle Unterschiede über die Zeit repräsentieren (McArdle, 1988).

Das Modellieren von Faktoren erfordert, dass ein mathematisches Modell gefunden wird, welches die intraindividuellen Veränderungen über die Zeit angemessen beschreibt. Die Messwerte werden damit als eine Funktion aus Zeit und individual-spezifischen Veränderungsparametern, den Prozessfaktoren, angesehen. Zudem wird angenommen, dass die individuellen Verlaufsformen aller Personen derselben Population sich mit derselben Funktion beschreiben lassen. Interindividuelle Unterschiede in den Verlaufsformen drücken sich dann in interindividuell unterschiedlichen Wertigkeiten der Prozessfaktoren aus. Auf diese Art repräsentieren latente Wachstumskurvenmodelle nicht nur den individuellen Status als eine Funktion der Zeit, sondern auch interindividuelle Unterschiede im wahren Wachstum.

Freie Schätzung versus Testung vorgegebener Verlaufsformen. LGM-Prozeduren erlauben zwei Vorgehensweisen, um zu einem solchen Modell zu gelangen. Bei der Definition von *Group Change Models* (Raykov, 2000) wird der durchschnittliche Verlauf des Prozesses durch eine Konstante *(Intercept)* und einen einzigen nahezu frei zu schätzenden *Slope*-Faktor dargestellt. Der Fokus dieser Modelle liegt auf der Bestimmung einer Verlaufsform, welche für eine Gruppe als gültig angesehen werden kann. Dabei wird geschätzt, mit welchem jeweiligen Gewicht L_{xS} der *Slope*-Faktor jeden einzelnen der x Messzeiträume zusätzlich zu dem konstanten Einfluss L_{xI} des *Intercept*-Faktors beeinflusst. Bei *Individual Change Models* wird hingegen a priori eine bestimmte allgemein gültige Verlaufsform angenommen. Das Interesse zielt hier auf die Bestimmung des Ausmaßes der interindividuellen Varianz, welche bei der gegebenen Form angenommen werden muss. Über das Messmodell eines Strukturgleichungssystems werden bei dieser Art der Modelle entsprechende Prozessfaktoren definiert und ihre Einflüsse auf die einzelnen beobachteten Messzeiträume gemäß der Annahme gewichtet.

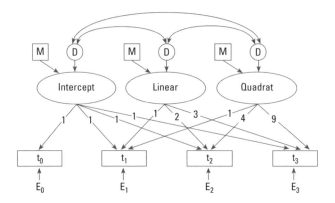

M = Mittelwert des latenten Prozessfaktors, D = Varianz des latenten Prozessfaktors,
t_x = Beobachteter Messwert für den Zeitraum x,
E_x = Nicht erklärte Varianz des beobachteten Messwerts für den Zeitraum x.

Abbildung A.3   Latentes Wachstumskurvenmodell (LGM) mit Ausgangsniveau (Intercept) und linearem und quadratischem Prozessfaktor

Ausgangsniveau. Ein Beispiel für die zweite Variante ist in Abbildung A.3 dargestellt. Der erste Faktor, der *Intercept,* repräsentiert das Ausgangsniveau bzw. das Niveau, auf welchem sich der Prozess ohne intraindividuelle Veränderung bewegen würde. Sein Einfluss ist über alle Messzeitpunkte hinweg konstant. Dies wird modelliert, indem alle Pfade von diesem latenten Faktor auf alle beobachteten Variablen t_0 bis t_x mit dem Wert $L_{x1} = 1$ fixiert werden. Der erste Faktor zeichnet sich gegenüber den anderen Faktoren weiter dadurch aus, dass er als einziger Faktor den Wert für den Messzeitraum t_0 beeinflusst. Alle weiteren k Faktorladungen auf den Messzeitraum t_0 werden mit der Festsetzung von $L_{0k} = 0$ nicht zugelassen. Somit erhält der erste Faktor die Eigenschaft, dass er als Ausgangsniveau eines Prozesses interpretiert werden kann. Dies ist jedoch eine willkürliche Festlegung. Bei bestimmten Fragestellungen kann das Modell auch leichter interpretierbar sein, wenn ein anderer Messzeitraum als t_0 den Wert der Prozesskonstanten bestimmt (z.B. Sayer & Willet, 1998).

Wachstum. Der zweite latente Faktor in Abbildung A.3 ist mit „Linear" bezeichnet. Er repräsentiert die Annahme, dass die zeitlichen Veränderungen in den Messwerten lineare Trendanteile aufweisen. Sein Einfluss auf Messzeitraum t_0 wird aus oben dargestellten Gründen mit $L_{02} = 0$ nicht zugelassen. Die Modellierung eines (positiven) linearen Anstiegs erfolgt durch die Festsetzung seiner Gewichte auf die Messzeiträume t_1 mit $L_{12} = 1$, auf t_2 mit $L_{22} = 2$ und auf t_3 mit $L_{32} = 3$. Der lineare Faktor spiegelt das durchschnittliche Wachstum wider, welches als ein charakteristisches Merkmal den Verlauf der Lernprozessregulation beschreibt.

Beschleunigung. Wird ein durchschnittlicher Prozessverlauf im Sinne eines Polynoms zweiter Ordnung angenommen, kann dies durch die Hinzunahme eines dritten latenten Faktors modelliert werden, der entsprechend mit $L_{03} = 0$, $L_{13} = 1$, $L_{23} = 4$ und $L_{33} = 9$ kodiert wird (Prozessfaktor „Quadrat" in Abb. A.3). Dieser quadratische Faktor repräsentiert die Beschleunigung eines Prozesses. Ein positiver Betrag deutet auf ein anfänglich eher langsames Wachstum hin, welches im Verlauf der Zeit jedoch in immer größeren Schritten vorangeht. Ein negativer Faktorwert beschreibt im Gegensatz dazu eine anfänglich eher geringe Hemmung des Wachstums, welche jedoch im Verlauf der Zeit immer stärker wird.

Gemeinsamkeiten und Unterschiede. Latente Faktoren, die wie in Abbildung A.3 als unabhängige Variablen modelliert werden, sind innerhalb eines LGM durch zwei Kennwerte definiert. Der Mittelwert M gibt den durchschnittlichen Faktorwert an, der in der untersuchten Stichprobe aufzufinden ist. Der Mittelwert des *Intercepts* repräsentiert so das durchschnittliche Ausgangsniveau, der Mittelwert der linearen Prozesskomponente spiegelt das Mittel der linearen Anstiege aller individuellen Prozessverläufe wider. Entsprechend repräsentiert der Mittelwert eines latenten quadratischen Faktors die durchschnittliche Krümmung über alle Prozessverläufe hinweg.

Die Varianzen *(D)* der Faktoren bilden die Unterschiede der Faktorwerte zwischen den individuellen Prozessverläufen ab. Die Varianz des ersten Faktors, des *Intercepts*, stellt Unterschiede im Ausgangsniveau des Prozesses dar. Der zweite Faktor deutet durch seine Varianz interindividuell unterschiedlich stark ansteigende Verläufe an. Mit dem quadratischen Faktor wird gegebenenfalls die Varianz in der jeweiligen Krümmung des Prozessverlaufs eingeschätzt. Die Varianzen der latenten Faktorwerte können kovariieren, wodurch Beziehungen von der Art „Je stärker der Anstieg, desto stärker auch die Krümmung des Verlaufs" ausgedrückt werden können. Dafür ist es jedoch notwendig, dass die Faktoren orthogonal, also methodisch unabhängig voneinander kodiert sind (siehe unten).

Latente Faktoren können sowohl als unabhängige als auch als abhängige Variablen definiert werden. Ist ein latenter Faktor ausschließlich als unabhängige Variable modelliert, drückt sich, wie beschrieben, im Mittelwert M der Faktormittelwert und in dem Wert D die Varianz des Faktors aus. Ist er jedoch gerichteten Einflüssen ausgesetzt, spiegelt M den Regressions*intercept* wider, also nur noch den Teil des Faktormittelwertes, welcher bei einem Wert der unabhängigen Variablen von $UV = 0$ auftritt und somit nicht auf die beeinflussende, unabhängige Variable zurückzuführen ist. Entsprechend gibt D den Varianzanteil an, der nicht durch die unabhängige Variable erklärt werden kann.

Intraindividuelle Veränderungen der Lernbedingungen. Durch die Hinzunahme der Fehlervarianz-Terme E_x werden die latenten Faktoren um zufällige Messfehler bereinigt. In ihnen spiegelt sich der Anteil an Varianz in den Messwerten wider, welcher nicht durch den theoretisch angenommenen Einfluss der latenten Faktoren erklärt werden kann. In den meisten Fällen liegen keine A-priori-Annahmen über die Verteilung der Messfehler über die einzelnen Messzeiträume vor. Es muss jedoch im Sinne der Interpretierbarkeit der Prozessfaktoren vorausgesetzt werden, dass diese unabhängig vom Messzeitraum sind. Wird diese Annahme der Homoskedastizität als gegeben angenommen, drückt sich dies in dem Modell durch eine Gleichsetzung der x Fehlervarianz-Terme mit $E_0 = E_1 = E_2 = ... = E_x$ aus.

Orthogonale Kodierung latenter Faktoren. Die Kodierung des linearen Prozessfaktors kann als Vektor $x_L = [0, 1, 2, 3]$, die des quadratischen als $x_Q = [0, 1, 4, 9]$ dargestellt werden. Dabei gilt, dass $x_Q = x_L^2$. Diese eindeutige Beziehung zwischen den beiden Vektoren bedeutet, dass durch diese beiden Vektoren die Prozessfaktoren nicht unabhängig voneinander kodiert sind. Die sie definierenden Vektoren stehen nicht orthogonal zueinander. Anders verhält es sich in Bezug auf den *Intercept*-Faktor. Es lassen sich keine eindeutigen Beziehungen zwischen ihm und dem linearen oder dem quadratischen Prozessfaktor herstellen, da er mit dem Vektor $x_I = [1, 1, 1, 1]$ als Konstante definiert ist. Weder x_L noch x_Q kann als Funktion von x_I dargestellt werden. Besteht zwischen zwei Faktoren keine methodische Unabhängigkeit, führt dies zu artifiziellen Zusammenhängen, wodurch eine Interpretation der Kovarianz zwischen den beiden Faktoren unmöglich wird (vgl. Duncan u.a., 1999; Pedhazur, 2001). Um die in einem Modell möglicherweise auftretenden Zusammenhänge zwischen den latenten Faktoren eindeutig interpretieren zu können, muss deshalb eine Orthogonalisierung der sie definierenden Vektoren vorgenommen werden. Im Modell von Abbildung A.3 betrifft dies die beiden Vektoren, mit denen der lineare und der quadratische Prozessfaktor definiert ist.

Zwei Faktoren x_0 und x_1 sind immer dann orthogonal zueinander, wenn ihre Produktsumme $(x_0, x_1) = 0$ ist. Mithilfe der „Gram-Schmidt"-Prozedur lassen sich zwei Vektoren so transformieren, dass die Produktsumme der resultierenden Vektoren diesem Kriterium entspricht (zit. nach Hays, 1988, S. 854 ff.):

$$v_1 = x_1 - b_{10} \cdot v_0 \qquad (4)$$

$$\text{wobei } b_{10} = \frac{(x_1, v_0)}{\|v_0\|^2} \qquad (5)$$

$$(\text{und } v_0 = x_0)$$

x_1 = zu x_0 nicht orthogonaler Vektor
v_0 und v_1 = zueinander orthogonale Vektoren

Im Beispiel von Abbildung A.3 besteht die Notwendigkeit, die beiden Vektoren x_L und x_Q, die den linearen und den quadratischen Faktor kodieren, zu orthogonalisieren. Dafür wird mit $x_0 = x_L$ festgelegt, dass $v_0 = x_0 = x_L$. Setzt man $x_1 = x_Q$, ergibt sich für b_{10} in Formel (5):

$$b_{10} = \frac{(0) \cdot (0) + (1) \cdot (1) + (2) \cdot (4) + (3) \cdot (9)}{(0) \cdot (0) + (1) \cdot (1) + (2) \cdot (2) + (3) \cdot (3)}$$

$$= \frac{18}{7}.$$

Damit lässt sich v_1 nach Formel (4) bestimmen:

$$v_1 = \begin{bmatrix} 0 \\ 1 \\ 4 \\ 9 \end{bmatrix} - \frac{18}{7} \cdot \begin{bmatrix} 0 \\ 1 \\ 2 \\ 3 \end{bmatrix} = \begin{bmatrix} \dfrac{0}{7} \\[6pt] -\dfrac{11}{7} \\[6pt] -\dfrac{8}{7} \\[6pt] \dfrac{9}{7} \end{bmatrix}$$

Multipliziert man v_1 mit dem gemeinsamen Teiler, ergibt sich mit $v_Q = v_1 = [0, -11, -8, 9]$ ein zu $v_L = v_0 = x_0 = [0, 1, 2, 3]$ orthogonaler Vektor. Die Überprüfung ihrer Produktsumme bestätigt dies mit

$$(v_L, v_Q) = (0) \cdot (0) + (1) \cdot (-11) + (2) \cdot (-8) + (3) \cdot (9)$$
$$= 0.$$

Damit können durch die Vektoren v_L und v_Q ein linearer und ein quadratischer Prozessfaktor kodiert werden, deren Kovarianz nicht durch ein methodisches Artefakt beeinflusst und damit interpretierbar ist.

Vor- und Nachteile latenter Wachstumskurvenmodelle. Mit der Modellierung von Prozessverläufen als latente Wachstumskurven sind einige Vorteile gegenüber anderen Modellierungsverfahren wie zum Beispiel der Modellierung mithilfe von MANOVA-Prozeduren verbunden. Neben der Möglichkeit, interindividuelle Unterschiede in den intraindividuellen zeitlichen Veränderungen zu beschreiben, lässt sich mithilfe latenter Wachstumskurven darüber hinaus prüfen, ob die für eine Gruppe von Personen angenommene Form eines Verlaufs, ausgedrückt durch eine bestimmte mathematische Funktion, den tatsächlich gefundenen Prozess angemessen abbildet. Das beinhaltet, dass auch Kovarianzen zwischen Faktoren auf statistische Signifikanz überprüfbar werden. Ebenso kann getestet werden, ob die Messfehler E_x gleich verteilt sind oder nicht. Latente Wachstumskurvenmodelle erlauben darüber hinaus die gleichzeitige Modellierung eines latenten Faktors sowohl als unabhängige als auch als abhängige Variable. Eine solche Modellierung gewährleistet [...] zum Beispiel die Modellierung und statistische Bewertung von Mediatorhypothesen. Raykov (2000) demonstriert, wie innerhalb eines Modells die Verläufe, die in unterschiedlichen Personengruppen gefunden werden können, auf ihre Gleichförmigkeit getestet werden können. Zudem ist die Möglichkeit gegeben, andere sich über die Zeit hinweg verändernde Kovariaten in ein Modell mit aufzunehmen und so entweder die Annahmen über die Zusammenhänge zwischen Prozessverläufen unterschiedlicher Variablen innerhalb derselben Stichprobe (Zimprich, 1998) oder Annahmen über die Gleichförmigkeit der Verläufe derselben Variablen in unterschiedlichen Stichproben zu testen (Sayer & Willet, 1998).

Als weiteren bedeutenden Vorteil von LGMs führt Raykov (2000) an, dass sie im Vergleich zu varianzanalytischen Verfahren deutlich voraussetzungsärmer sind. Nichtsdestotrotz stellt auch ihre Modellierung gewisse Anforderungen an die Daten. So müssen die Daten eines Verlaufs längsschnittlich balanciert erfasst worden sein. Balanciert bedeutet in diesem Zusammenhang, dass nicht nur die Anzahl der Messungen für jede Person identisch sein muss. Zusätzlich dazu dürfen auch die zeitlichen Abstände, in denen die Messungen erfolgen, interindividuell nicht variieren. Zu fordern ist auch eine möglichst hohe Anzahl von Messungen pro Person, weil damit eine hohe Validität der Verlaufsschätzung einhergeht. Die erfassten Variablen müssen zudem auf einer kontinuierlichen Skala abgebildet werden. Außerdem muss sichergestellt sein, dass die Variable über die Zeit hinweg das identische Konstrukt misst und zudem keine zeitlich abhängige, metrische Invarianz aufweist. Um die Modellgüte bewerten zu können, werden die Testprozeduren herangezogen, die in Programmen zur Modellierung von Strukturgleichungssystemen verfügbar sind. Diese setzen jedoch einen relativ großen Stichprobenumfang voraus, der nicht bei allen Untersuchungen realisiert werden kann.

Kriterien der Modellgüte. Die Bewertung der Modellgüte erfolgt über Fit-Indizes, welche von den verschiedenen Modellierungsprogrammen automatisch berechnet werden. Für latente Wachstumskurvenmodelle empfehlen Marsh, Balla und Hau (1996), wie auch Duncan und Mitarbeiter (1999), neben dem χ^2-Wert die Verwendung des *Non-Normed Fit Index* (NNFI) und des *Comparative Fit Index* (CFI). Sowohl der NNFI als auch der CFI basieren auf der χ^2-Statistik und dem Nullmodell unkorrelierter bzw. unabhängiger Variablen. Während der CFI maximal den Wert von CFI = 1 annehmen kann, ist der NNFI nicht in seiner Höhe begrenzt. Beide Indizes zeigen mit Werten nahe eins, bzw. im Falle des NNFI auch größer eins, eine gute Anpassung des Modells an die modellierte Datenstruktur an. Für die Modellbewertung ebenso hilfreich ist der *Root Mean Square Error of Approximation* (RMSEA), der mit einem Wert RMSEA $\leq$ 0,05 für eine sehr gute Modellanpassung spricht (Brown & Cudeck, 1993). Alle bisher vorgestellten Güteindizes sind abhängig von der Stichprobengröße. Diese ist jedoch [...] aufgrund der hierarchischen Datenstruktur und dem sich daraus ergebenden Designeffekt für die vorliegenden Daten nur als Schätzwert zu ermitteln. Deshalb wird für die Bewertung der Modelle, die auf der Grundlage dieser Datenstruktur den Prozessverlauf abbilden, in Anlehnung an Sayer und Willet (1998) mit dem *Goodnes-of-Fit*-Index (GFI) ein weiteres Maß der Modellgüte herangezogen, welches sich durch seine Unabhängigkeit von der Stichprobengröße auszeichnet (Jöreskog & Sörbom, 1988). Der GFI kann Werte zwischen null und eins annehmen, auch wenn Werte kleiner null theoretisch vorkommen können. Für die folgenden Modelle wird eine gute Anpassung angenommen, wenn der GFI > 0,90. Dies entspricht einer durch das Gesamtmodell erklärten Varianz von 90 Prozent. Für eine zusammenfassende Diskussion verschiedener Modellgüteindizes siehe zum Beispiel Bollen (1989).

Fazit. Der Regulationsprozess des Erwerbs von Sach- und Handlungswissen über den Heidelberger Finiten Automaten lässt sich auf der Grundlage verhaltensbasierter Log-file-Daten einschätzen, indem das beobachtete Verhalten an den interindividuell unterschiedlichen Handlungsalternativen relativiert wird. Pro gewähltem Messzeitraum kann somit ein Wert für die Selbstbestimmtheit des gezeigten Lernverhaltens berechnet werden. Werden solche Werte für mehrere aufeinander folgende Messzeiträume berechnet, lassen sich intraindividuelle Veränderungen über die Zeit abbilden. Es wird angenommen, dass dieser Verlauf durch drei charakteristische Merkmale beschreibbar ist. Eine anfängliche Bevorzugung identifizierender Lernhandlungen sollte sich in einem negativen Ausgangsniveau der $log_{(or)}$-Werte abbilden. Die anzunehmende wachsende Bedeutsamkeit integrierender Ziele für die Regulation des Lernprozesses sollte zu einem Anwachsen der $log_{(or)}$-Werte führen. Dieses Wachstum sollte jedoch eine negative Beschleunigung erfahren, da vermutet wird, dass sich die Selbstbestimmtheit, mit der Informationen integriert werden, nicht unendlich steigern lässt. Diese drei Merkmale lassen sich durch die Methode latenter Wachstumskurven als einzelne Faktoren modellieren, wodurch „echte" Prozessmaße zur Verfügung gestellt werden. Dabei bildet der *Intercept*-Faktor das Ausgangsniveau, der lineare Faktor das Wachstum und der quadratische Faktor die Beschleunigung ab. Latente Wachstumskurven ermöglichen zum einen die Darstellung allgemein gültiger Verlaufsformen intraindividueller Veränderungen in Abhängigkeit von der Zeit anhand durchschnittlicher Faktorwerte. Interindividuelle Unterschiede in unterschiedlich erfolgreichen Regulationsverläufen schlagen sich in den Varianzen latenter Faktoren nieder.

Anmerkungen

[1] Auf die Bedeutung von *odds* wird im direkt anschließenden Abschnitt näher eingegangen.

[2] Da die Wahrscheinlichkeit für identifizierende Eingriffsalternativen die Gegenwahrscheinlichkeit zu integrierenden Eingriffen bildet, ist in diesem Quotienten implizit die Chancenangabe für identifizierende Eingriffsalternativen enthalten.

[3] Der Wettquotient *(odds)* als Verhältnis zwischen Wahrscheinlichkeit und Gegenwahrscheinlichkeit empfiehlt sich immer dann, wenn die relative Chance für ein Ereignis berechnet werden soll. Er hat sich in der Ungleichheitsforschung als auch in der Epidemiologie zu einem Standardmaß entwickelt, weil es unabhängig von der absoluten Anzahl der beobachteten Ereignisse und sich daraus eventuell ergebenden unterschiedlichen Randverteilungen einer Vier-Felder-Tafel ist. Diese Eigenschaft ist für die in diesem Abschnitt verfolgten Ziele allerdings weniger wichtig. Die absoluten Häufigkeiten zwischen beobachteten Eingriffen und präsentierten Eingriffsalternativen unterscheiden sich zwar, sie stehen aber in einem konstanten Verhältnis zueinander. Da jeder getätigte Eingriff aus einer Auswahl von 20 Eingriffsalternativen ausgesucht wird, entspricht die Summe der innerhalb eines Zeitraums präsentierten Ein-

griffsalternativen immer genau dem Zwanzigfachen der tatsächlich ausgeführten Eingriffe. Insofern ist sowohl die Betrachtung von Chancen als auch die von Wahrscheinlichkeiten gleich geeignet. Aus konventionellen Gründen wird jedoch die Verwendung von Chancen bevorzugt.

4   Ein $log_{(or)} = 0$ wird oftmals als ausgeglichenes Verhältnis zwischen identifizierenden und integrierenden Eingriffen fehlinterpretiert. Diese Interpretation ist falsch. Ein ausgeglichenes Verhältnis zwischen identifizierenden und integrierenden Eingriffen resultiert in einem $odds_b = 1$. Das $log_{(or)}$-Maß gibt an, ob dieses ausgeglichene Verhältnis überzufällig ist oder nicht, indem es den $odds_b$ an dem Verhältnis der präsentierten Eingriffsalternativen, ausgedrückt durch $odds_e$, relativiert.

5   In Abhängigkeit davon, welche Art von Eingriffen als Ereignis bzw. als Gegenereignis definiert wird, drückt das Vorzeichen des Maßes inhaltlich etwas anderes aus. Im Folgenden ist als Ereignis immer ein Eingriff bzw. eine Eingriffsalternative mit integrierender Funktion definiert. Daraus ergibt sich, dass identifizierende Eingriffe bzw. Eingriffsalternativen als Gegenereignisse betrachtet werden. Bei dieser Kodierung bedeutet ein $log_{(or)} > 0$, dass das Lernverhalten einer Person durch überzufällig häufiges Ausführen integrierender Eingriffe geprägt ist. Ein $log_{(or)} < 0$ gibt entsprechend an, dass häufiger identifizierende Eingriffe getätigt wurden, als aufgrund der präsentierten Eingriffsalternativen bei einem rein zufälligen Verhalten erwartet wurde.

6   Im Sinne der Anschaulichkeit werden in Abbildung A.1 und auch in Abbildung A.2 die jeweils sieben Messwerte mit Liniendiagrammen dargestellt, obwohl ein Punkte- oder Balkendiagramm die korrekte Darstellungsform wäre. Durch die Verwendung von Liniendiagrammen wird jedoch hervorgehoben, dass durch die Messwerte Prozessverläufe geschätzt werden.

B   Regulationsmaß der Wissensanwendung (Joachim Wirth)

Für die Bestimmung der Regulationsgüte bei der Wissensanwendung wurde ein $log_{(or)}$-Maß entwickelt, in das eingeht, wie häufig ein Problemlöser einen Eingriff ausgeführt hat, der für die Zielerreichung in diesem Sinne optimal ist (Formel 1). Diese Häufigkeit wird ins Verhältnis gesetzt zu der Häufigkeit von getätigten nichtoptimalen Eingriffen.

Dieses Verhältnis wird seinerseits wiederum relativiert an dem Wissen des Problemlösers über optimale Eingriffe. Damit wird das Maß um den Einfluss des Lernerfolgs auf die Regulation der Wissensanwendung korrigiert. Zu diesem Zweck wird die Anzahl an optimalen Eingriffsmöglichkeiten berechnet, die der Problemlöser zuvor bereits einmal ausgeführt hat und deren Effekt ihm demzufolge bekannt sein müsste, und durch die Anzahl zuvor nicht ausprobierter, also unbekannter, optimaler Eingriffsalternativen geteilt. Setzt man die beiden Quotienten aus getätigten optimalen und nichtoptimalen Eingriffen und bekannten optimalen und unbekannten optimalen Eingriffen wiederum zueinander ins Verhältnis und logarithmiert man den so erhaltenen Wettquotienten, erhält man ein Maß für die optimale Nutzung des zuvor erworbenen Wissens.

$$\text{Anwendungsregulation} = \ln \left(\frac{\text{getätigte optimale Eingriffe / getätigte nichtoptimale Eingriffe}}{\text{bekannte optimale Eingriffe / nichtbekannte optimale Eingriffe}} \right) \quad (1)$$

C   Auswertungsmethoden und zusätzliche Detailergebnisse (Johannes Hartig)

Plausible Values und Gewichtungen

Für die Analysen wurden die unter Berücksichtigung der im Schüler- und Schulleiterfragebogen erfassten individuellen und schulischen Hintergrundvariablen geschätzten *Plausible Values* (PVs) verwendet (vgl. Kap. 3). Für die PISA-Leistungsdimensionen Lesen, Mathematik und Naturwissenschaften sowie für die mit dem KFT erfassten Intelligenzleistungen wurden die bereits vorliegenden PVs aus dem nationalen PISA-2000-Datensatz für 15-Jährige herangezogen (vgl. Kunter u.a., 2002). Sonder- und Berufsschulen gingen nicht in die Auswertung mit ein; insgesamt konnten Daten von zwischen 15.216 (Mathematik) und 28.926 (Lesen) Schülern aus 1.222 Schulen verwendet werden.

Für das dynamische Problemlösen wurden für die hier vorgestellten Analysen eigens *Plausible Values* geschätzt, um eine Vergleichbarkeit mit den anderen Befunden zu ermöglichen. Entsprechend dem Vorgehen für die fachbezogenen Leistungswerte (Baumert u.a., 2002) und das analytische Problemlösen (vgl. Kap. 3) wurden die per Fragebogen erfassten Hintergrundvariablen in der Skalierung mit ConQuest (Wu, Adams, & Wilson, 1998) als Hintergrundmodell verwendet. Zusätzlich wurden die auf Schulebene aggregierten durchschnittlichen Werte in den beiden Leistungsmaßen für das dynamische Problemlösen mit einbezogen.

Bei den Analysen mit dem nationalen Datensatz für 15-Jährige wurden die entsprechenden Schülergewichte für die einzelnen Leistungsbereiche verwendet, bei den Analysen zum analytischen Problemlösen wurde das Gewicht für Lesen verwendet. Für die Analysen der Stichprobe des dritten Testtages wurden die Daten nicht gewichtet.

Mehrebenenmodelle

Ein wesentliches Ziel der Mehrebenenanalysen war es, die Stärke der Effekte verschiedener Prädiktoren auf Problemlöseleistung und andere Leistungsmaße miteinander zu vergleichen. Hierfür ist es von Interesse, eine Schätzung für die durch verschiedene Vorhersagemodelle in den Schülerleistungen erklärte Varianz vorzunehmen. Eine derartige Schätzung ist im Rahmen von Mehrebenenmodellen mit Schwierigkeiten verbunden, da die Maximum-Likelihood-Schätzung der Varianzkomponenten auf Ebene 1 und 2 nach dem Hinzunehmen neuer Prädiktoren ins Modell zu einem Anstieg der Residualvarianzen, das heißt zu „negativen erklärten Varianzen" führen kann (vgl. Hox, 2002; Snijders & Bosker, 1994). Snijders und Bosker (1994) schlagen verschiedene Korrekturformeln vor, in denen die unerklärten Varianzkomponenten auf Ebene 1 und 2 jeweils beide herangezogen werden, um den Anteil erklärter Varianz auf einer von beiden Ebenen zu ermitteln. Der Nachteil dieses technisch angemesseneren Vorgehens ist, dass sich die erklärten Varianzanteile auf beiden Modellebenen nicht mehr einfach auf die Gesamtvariation der abhängigen Variablen beziehen lassen. Der Anschaulichkeit halber wurde die Schätzung der erklärten Varianzanteile daher mit der von Raudenbush und Bryk (2002) angegebenen Methode vorgenommen, in der die Residualvarianzen für beide Ebenen herangezogen werden, um separate Schätzungen für die auf beiden Analyseebenen erklärten Varianzanteile vorzunehmen. Zudem wurde die Darstellung der erklärten Varianz auf die Modelle ohne Ebene-1-Prädiktoren beschränkt.

In den vorliegenden Analysen wurden alle Effekte innerhalb der Schulen als feste Effekte behandelt, das heißt, es wurden keine Zwischen-Schul-Variationen der Zusammenhänge innerhalb der Schulen zugelassen. Dieser Verzicht auf *random slopes* reduziert das oben genannte Problem der verzerrten Schätzungen für erklärte Varianzanteile (vgl. Hox, 2002), zudem waren etwaige Unterschiede in den Ebene-1-Effekten für die in Kapitel 6 behandelten Fragestellungen nicht von inhaltlichem Interesse.

Literatur

Aebli, H. (1983). *Zwölf Grundformen des Lehrens. Eine Allgemeine Didaktik auf psychologischer Grundlage*. Stuttgart: Klett-Cotta.

Anderson, J. R. (1983). *The architecture of cognition*. Cambridge, MA: Harvard University Press.

Anderson, J. R. (1996). ACT: A simple theory of complex cognition. *American Psychologist, 51*, 355–365.

Arbuckle, J. L. (1995). *Amos for Windows: Analysis of moment structures. Version 3.5.* Chicago: Smallwaters Corporation.

Artelt, C. (2000). *Strategisches Lernen*. Münster: Waxmann.

Artelt, C., Baumert, J., Julius-McElvany, N., & Peschar, J. (2003). *Das Lernen lernen. Voraussetzungen für lebensbegleitendes Lernen. Ergebnisse von PISA 2000*. Paris: OECD.

Artelt, C., Demmrich, A., & Baumert, J. (2001). Selbstreguliertes Lernen. In J. Baumert, E. Klieme, M. Neubrand, M. Prenzel, U. Schiefele, W. Schneider, P. Stanat, K.-J. Tillmann, & M. Weiß (Hrsg.), *PISA 2000. Basiskompetenzen von Schülerinnen und Schülern im internationalen Vergleich* (S. 271–298). Opladen: Leske + Budrich.

Artelt, C., Stanat, P., Schneider, W., & Schiefele, U. (2001). Lesekompetenz: Testkonzeption und Ergebnisse. In J. Baumert, E. Klieme, M. Neubrand, M. Prenzel, U. Schiefele, W. Schneider, P. Stanat, K.-J. Tillmann, & M. Weiß (Hrsg.), *PISA 2000. Basiskompetenzen von Schülerinnen und Schülern im internationalen Vergleich* (S. 69–137). Opladen: Leske + Budrich.

Bandura, A. (1990). Conclusion: Reflections on nonability determinants of competence. In R. Sternberg & J. Kolligan, Jr. (Eds.), *Competence considered* (pp. 315–362). New Haven, CT: Yale University Press.

Barrick, M. R., Stewart, G. L., Neubert, M. J., & Mount, M. K. (1998). Relating member ability and personality to work-team processes and team effectiveness. *Journal of Applied Psychology, 83* (3), 377–391.

Barron, B. (2000). Problem solving in video-based microworlds: Collaborative and individual outcomes of high-achieving sixth-grade students. *Journal of Educational Psychology, 92* (2), 391–398.

Barry, B., & Stewart, G. L. (1997). Composition, process and performance in self-managed groups: The role of personality. *Journal of Applied Psychology, 82* (1), 62–78.

Baumert, J., Artelt, C., Carstensen, C., Sibberns, H., & Stanat, P. (2002). Untersuchungsgegenstand, Fragestellungen und technische Grundlagen der Studie. In J. Baumert, C. Artelt, E. Klieme, M. Neubrand, M. Prenzel, U. Schiefele, W. Schneider, K.-J. Tillmann, & M. Weiß (Hrsg.), *PISA 2000. Die Länder der Bundesrepublik Deutschland im Vergleich* (S. 11–38). Opladen: Leske + Budrich.

Baumert, J., Artelt, C., Klieme, E., Neubrand, M., Prenzel, M., Schiefele, U., Schneider, W., Tillmann, K.-J., & Weiß, M. (Hrsg.). (2003). *PISA 2000. Ein differenzierter Blick auf die Länder der Bundesrepublik Deutschland.* Opladen: Leske + Budrich.

Baumert, J., Klieme, E., Neubrand, M., Prenzel, M., Schiefele, U., Schneider, W., Stanat, P., Tillmann, K.-J., & Weiß, M. (Hrsg.). (2001). *PISA 2000. Basiskompetenzen von Schülerinnen und Schülern im internationalen Vergleich.* Opladen: Leske + Budrich.

Baumert, J., & Köller, O. (1996). Lernstrategien und schulische Leistungen. In J. Möller & O. Köller (Hrsg.), *Emotionen, Kognitionen und Schulleistung* (S. 137–154). Weinheim: Beltz.

Baumert, J., & Schümer, G. (2001). Familiäre Lebensverhältnisse, Bildungsbeteiligung und Kompetenzerwerb. In J. Baumert, E. Klieme, M. Neubrand, M. Prenzel, U. Schiefele, W. Schneider, P. Stanat, K.-J. Tillmann, & M. Weiß (Hrsg.), *PISA 2000. Basiskompetenzen von Schülerinnen und Schülern im internationalen Vergleich* (S. 323–407). Opladen: Leske + Budrich.

Baumert, J., Stanat, P., & Demmrich, A. (2001). PISA 2000: Untersuchungsgegenstand, theoretische Grundlagen und Durchführung der Studie. In J. Baumert, E. Klieme, M. Neubrand, M. Prenzel, U. Schiefele, W. Schneider, P. Stanat, K.-J. Tillmann, & M. Weiß (Hrsg.), *PISA 2000. Basiskompetenzen von Schülerinnen und Schülern im internationalen Vergleich* (S. 15–68). Opladen: Leske + Budrich.

Baumert, J., Trautwein, U., & Artelt, C. (2003). Schulumwelten – institutionelle Bedingungen des Lehrens und Lernens. In J. Baumert, C. Artelt, E. Klieme, M. Neubrand, M. Prenzel, U. Schiefele, W. Schneider, K.-J. Tillmann, & M. Weiß (Hrsg.), *PISA 2000. Ein differenzierter Blick auf die Länder der Bundesrepublik Deutschland* (S. 261–331). Opladen: Leske + Budrich.

Bentler, P. M., & Wu, E. (1995). *EQS structural equations program manual.* Encino, CA: Multivariate Software.

Bollen, K. A. (1989). *Structural equations with latent variables.* New York: Wiley.

Bourdieu, P. (1983). Ökonomisches Kapital, kulturelles Kapital, soziales Kapital. In R. Kreckel (Hrsg.), *Soziale Ungleichheiten* (S. 183–198). Göttingen: Schwartz.

Brown, M., & Cudeck, R. (1993). Alternative ways of assessing model fit. In K. A. Bollen & J. S. Long (Eds.), *Testing structural equation models* (pp. 136–162). Newbury Park, CA: Sage.

Buchner, A., & Funke, J. (1993). Finite state automata: Dynamic task environments in problem solving research. *Quarterly Journal of Experimental Psychology, 46A,* 83–118.

Bungard, W. (1990). Team- und Kooperationsfähigkeit. In W. Sarges (Hrsg.), *Management-Diagnostik* (S. 315–324). Göttingen: Hogrefe.

Cannon-Bowers, J. A., & Salas, E. (1997a). A framework for developing team performance measures in training. In M. T. Brannick, E. Salas, & C. Prince (Eds.), *Team performance assessment and measurement: Theory, methods, and applications* (pp. 45–62). Mahwah, NJ: Erlbaum.

Cannon-Bowers, J. A., & Salas, E. (1997b). Teamwork competencies: The interaction of team member knowledge, skills, and attitudes. In H. F. O'Neil, Jr. (Ed.), *Workforce readiness: Competencies and assessment* (pp. 151–175). Mahwah, NJ: Erlbaum.

Cannon-Bowers, J. A., Tannenbaum, S. I., Salas, E., & Volpe, C. E. (1995). Defining competencies and establishing team training requirements. In R. Guzzo & E. Salas (Eds.), *Team effectiveness and decision making in organizations* (pp. 333–380). San Francisco: Jossey-Bass.

Cohen, E. G. (1994). *Designing groupwork: Strategies for the heterogeneous classroom*. New York: Teachers College Press.

Cohen, S. G., & Bailey, D. E. (1997). What makes teams work: Group effectiveness research from the shop floor to the executive suite. *Journal of Management, 23* (3), 239–290.

Coleman, J., Campbell, E., Hobson, C., McPartland, J., Mood, A., Weinfeld, F. D., & York, R. (1966). *Equality of educational opportunity*. Washington, DC: Department of Health, Education and Welfare.

Dann, H.-D., & Diegritz, T. (1999). Gruppenunterricht im Schulalltag: Realität und Chancen. Erlangen: Universitäts-Bibliothek.

Dann, H.-D., Haag, L., & Diegritz, T. (2000). Statusgefälle und Intragruppenprozesse in Schülerarbeitsgruppen. *Gruppendynamik und Organisationsberatung, 31* (3), 339–356.

Davis, M. H. (1980). *A multidimensional approach to individual differences in empathy*. Washington, DC: American Psychological Association (Catalogue of Selected Documents in Psychology 2124).

Didi, H.-J., Fay, E., Kloft, C., & Vogt, H. (1993). *Einschätzung von Schlüsselqualifikationen aus psychologischer Perspektive* (Gutachten im Auftrag des Bundesinstituts für Berufsbildung [BIBB]). Bonn: Institut für Bildungsforschung.

Dietzen, A. (1999). Zur Nachfrage nach überfachlichen Qualifikationen und Kompetenzen in Stellenanzeigen. In Bundesinstitut für Berufsbildung (Hrsg. der Serie) & L. Alex & H. Bau (Hrsg. des Bandes), *Wandel beruflicher Anforderungen. Der Beitrag des BIBB zum Aufbau eines Früherkennungssystems Qualifikationsentwicklung* (S. 33–59). Bielefeld: Bertelsmann.

Dörner, D. (1976). *Problemlösen als Informationsverarbeitung*. Stuttgart: Kohlhammer.

Dörner, D. (1989). *Die Logik des Misslingens. Strategisches Denken in komplexen Situationen*. Reinbek: Rowohlt.

Dörner, D., & Kreuzig, H. W. (1983). Problemlösefähigkeit und Intelligenz. *Psychologische Rundschau, 34*, 185–192.

Dörner, D., Kreuzig, H. W., Reither, F., & Stäudel, T. (1983). *Lohhausen. Vom Umgang mit Unbestimmtheit und Komplexität*. Bern: Huber.

Dossey, J., Csapo, B., de Jong, T., de Lange, L., Harlen, W., Kirsch, I., Klieme, E., & Vosniadou, S. (PISA Problem Solving Group). (2003). Problem solving. In *The PISA 2003 assessment framework: Mathematics, reading, science and problem solving knowledge and skills* (pp. 153–198). Paris: OECD.

Dossey, J., Hartig, J., Klieme, E., & Wu, M. (2004). *Problem solving for tomorrow's world: First measures of cross-curricular competencies from PISA 2003*. Paris: OECD.

Duncan, T. E., Duncan, S. C., Strycker, L. A., Li, F., & Alpert, A. (1999). *An introduction to latent variable growth curve modeling: Concepts, issues, and applications*. Mahwah, NJ: Erlbaum.

Duncker, K. (1935/1975). *Zur Psychologie des produktiven Denkens*. Berlin: Springer-Verlag.

Eagly, A. H., & Karau, S. J. (1991). Gender and the emergence of leaders: A meta-analysis. *Journal of Personality and Social Psychology, 60* (5), 685–710.

Ebach, J. (1999). Diagnostik von Problemlösefähigkeiten im Alltag. In C. Enders, C. Hanckel, & S. Möley, *Lebensraum – Lebenstraum – Lebenstrauma Schule. Kongreßbericht der 13. Bundeskonferenz 1998 in Halle an der Saale*. Bonn: Deutscher Psychologen Verlag.

Ebach, J., Klieme, E., & Hensgen, A. (1999). *Der SL HAM 6/7 Problemlösetest*. Bonn: Institut für Bildungsforschung.

Endres, J., & Putz-Osterloh, W. (1994). Komplexes Problemlösen in Kleingruppen. Effekte des Vorwissens, der Gruppenstruktur und der Gruppeninteraktion. *Zeitschrift für Sozialpsychologie, 25* (1), 54–70.

Elshout, J. J. (1987). Problem solving and education. In E. de Corte, H. Lodewijks, R. Parmentier, & P. Span (Eds.), *Learning and instruction* (pp. 259–273). Oxford: Pergamon Press.

Fend, H., & Prester, H.-G. (1986). *Dokumentation der Skalen des Projekts „Entwicklung im Jugendalter"*. Konstanz: Universität Konstanz, Sozialwissenschaftliche Fakultät.

Forum Bildung. (2001). *Empfehlungen des Forum Bildung*. Bonn: Forum Bildung.

Frensch, P. A. (1991). Transfer of composed knowledge in a multistep serial task. *Journal of Experimental Psychology: Learning, Memory, and Cognition, 17*, 997–1016.

Frensch, P. A. (1994). Composition during serial learning: A serial position effect. *Journal of Experimental Psychology: Learning, Memory, and Cognition, 20*, 423–442.

Frensch, P. A., & Funke, J. (Eds.). (1995). *Complex problem solving: The European perspective*. Hillsdale, NJ: Erlbaum.

Funke, J. (2003). *Problemlösendes Denken*. Stuttgart: Kohlhammer.

Funke, J., & Buchner, A. (1992). Finite Automaten als Instrumente für die Analyse von wissensgeleiteten Problemlöseprozessen: Vorstellung eines neuen Untersuchungsparadigmas. *Sprache & Kognition, 11*, 27–37.

Funke, J., Töpfer, S., & Wagener, S. (1998). *Finite Automaten als Instrumente zur Erfassung von Problemlösefähigkeiten bei Schülern*. Heidelberg: Psychologisches Institut der Universität Heidelberg.

Ganzeboom, H. B. G., de Graaf, P. M., Treiman, D. J., & de Leeuw, J. (1992). A standard international socio-economic index of occupational status. *Social Science Research, 21*, 1–56.

Gräsel, C., & Gruber, H. (2000). Kooperatives Lernen in der Schule. Theoretische Ansätze – Empirische Befunde – Desiderate für die Lehramtsausbildung. In N. Seibert (Hrsg.), *Unterrichtsmethoden kontrovers* (S. 161–176). Opladen: Klinkhardt.

Guttman, L. (1954). A new approach to factor analysis: The radex. In P. F. Lazarsfeld (Ed.), *Mathematical thinking in the social sciences* (pp. 258–348). Glencoe, IL: Free Press.

Guttman, L. (1957). Empirical verification of the radex structure of mental abilities and personality traits. *Educational and Psychological Measurement, 17*, 391–407.

Hays, W. L. (1988). *Statistics* (4th ed.). Fort Worth, TX: Holt, Rinehart and Winston.

Heller, K., Gaedicke, A.-K., & Weinläder, H. (1985). *Kognitiver Fähigkeitstest KFT 4–13*. Weinheim: Beltz.

Hox, J. J. (2002). *Multilevel analysis: Techniques and applications.* Mahwah, NJ: Erlbaum.

Jehn, K. A., & Shah, P. P. (1997). Interpersonal relationships and task performance: An examination of mediating processes in friendship and acquaintance groups. *Journal of Personality and Social Psychology, 72* (4), 775–790.

Jöreskog, K. G., & Sörbom, D. (1988). *LISREL VII: A guide to the program and applications.* Chicago: Scientific Software International.

Jöreskog, K. G., & Sörbom, D. (1993). *LISREL 8: Structural equation modeling with the SIMPLIS command language.* Chicago: Scientific Software International.

Jöreskog, K. G., & Sörbom, D. (1999). *LISREL 8: New statistical features.* Chicago: Scientific Software International.

Jonassen, D. H. (2000). Toward a design theory of problem solving. *Educational Technology – Research & Development, 48,* 63–85.

van Joolingen, W. R., & de Jong, T. (1997). An extended dual search space model of scientific discovery learning. *Instructional Science, 25,* 307–346.

Kagan, S. (1994). *Cooperative learning.* San Juan Capistrano, CA: Resources for Teachers.

Kauffeld, S., & Frieling, E. (2001). Der Fragebogen zur Arbeit im Team (F-A-T). *Zeitschrift für Arbeits- und Organisationspsychologie, 45* (1), 26–33.

Keselman, A. (2003). Supporting inquiry learning by promoting normative understanding of multivariable causality. *Journal of Research in Science Teaching, 40,* 898–921.

Kish, L. (1965). *Survey sampling.* New York: Wiley.

Klahr, D., & Dunbar, K. (1988). Dual space search during scientific reasoning. *Cognitive Science, 12,* 1–48.

Klieme, E. (2004). Assessment of cross-curricular problem-solving competencies. In J. H. Moskowitz & M. Stephens (Eds.), *Comparing learning outcomes: International assessments and education policy* (pp. 81–107). London: Routledge Falmer.

Klieme, E., Artelt, C., & Stanat, P. (2001). Fächerübergreifende Kompetenzen: Konzepte und Indikatoren. In F. E. Weinert (Hrsg.), *Leistungsmessungen in Schulen* (S. 203–218). Weinheim: Beltz.

Klieme, E., Ebach, J., Didi, H.-J., Hensgen, A., Heilmann, K., & Meisters, K.-H. (1997). *Problemlösetest für die 7. Jahrgangsstufe.* Bonn: Institut für Bildungsforschung.

Klieme, E., Funke, J., Leutner, D., Reimann, P., & Wirth, J. (2001). Problemlösen als fächerübergreifende Kompetenz? Konzeption und erste Resultate aus einer Schulleistungsstudie. *Zeitschrift für Pädagogik, 47,* 179–200.

Klieme, E., Leutner, D., & Hartig, J. (Eds.). (in prep.). *Assessment of competencies in educational settings.*

Kloft, C., Haase, K., Hensgen, A., & Klieme, E. (1997). *Entwicklung neuer Methoden zur Erfassung beruflicher Handlungskompetenz.* Bonn: Institut für Bildungsforschung.

Kröner, S. (2001). *Intelligenzdiagnostik per Computersimulation.* Münster: Waxmann.

Kunter, M., Schümer, G., Artelt, C., Baumert, J., Klieme, E., Neubrand, M., Prenzel, M., Schiefele, U., Schneider, W., Stanat, P., Tillmann, K.-J., & Weiß, M. (2002). *PISA 2000: Dokumentation der Erhebungsinstrumente.* Berlin: Max-Planck-Institut für Bildungsforschung (Materialien aus der Bildungsforschung 72).

Kunter, M., & Stanat, P. (2002). Soziale Kompetenz von Schülerinnen und Schülern. Die Rolle von Schulmerkmalen für die Vorhersage ausgewählter Aspekte. *Zeitschrift für Erziehungswissenschaft, 5* (1), 49–71.

Kunter, M., & Stanat, P. (2003). Soziale Lernziele im Ländervergleich. In J. Baumert, C. Artelt, E. Klieme, M. Neubrand, M. Prenzel, U. Schiefele, W. Schneider, K.-J Tillmann, & M. Weiß (Hrsg.), *PISA 2000. Ein differenzierter Blick auf die Länder der Bundesrepublik Deutschland* (S. 165–193). Opladen: Leske + Budrich.

Lamsfuss, S. M., Silbereisen, R. K., & Boehnke, K. (1990). *Empathie und Motive prosozialen Handelns.* Berlin: Institut für Allgemeine und Vergleichende Erziehungswissenschaft, Arbeitsbereich Empirische Erziehungswissenschaft (Arbeitsberichte 10).

Lehmann, R. H., Gänsfuß, R., & Peek, R. (1999). *Aspekte der Lernausgangslage und der Lernentwicklung von Schülerinnen und Schülern an Hamburger Schulen – Klassenstufe 7.* Hamburg: Behörde für Schule, Jugend und Berufsbildung, Amt für Schule.

Lehmann, R. H., Peek, R., Gänsfuß, R., & Husfeldt, V. (2002). *Aspekte der Lernausgangslage und der Lernentwicklung – Klassenstufe 9. Ergebnisse einer Längsschnittuntersuchung in Hamburg.* Hamburg: Behörde für Schule, Jugend und Berufsbildung, Amt für Schule.

Leutner, D. (1989). Angeleitetes Lernen mit Planspielen. Lernerfolg in Abhängigkeit von Persönlichkeitseigenschaften sowie Ausmaß und Zeitpunkt der Anleitung. *Unterrichtswissenschaft, 17,* 342–358.

Leutner, D. (1993). Guided discovery learning with computer-based simulation games: Effects of adaptive and non-adaptive instructional support. *Learning and Instruction, 3,* 113–132.

Leutner, D. (2002). The fuzzy relationship of intelligence and problem solving in computer simulations. *Computers in Human Behavior, 18,* 685–697.

Leutner, D., Klieme, E., Meyer, K., & Wirth, J. (2004). Problemlösen. In M. Prenzel, J. Baumert, W. Blum, R. Lehmann, D. Leutner, M. Neubrand, R. Pekrun, H.-G. Rolff, J. Rost, & U. Schiefele (Hrsg.), *PISA 2003. Der Bildungsstand der Jugendlichen in Deutschland. Ergebnisse des zweiten internationalen Vergleichs* (S. 147–175). Münster: Waxmann.

Leutner, D., & Schrettenbrunner, H. (1989). Entdeckendes Lernen in komplexen Realitätsbereichen. Evaluation des Computer-Simulationsspiels „Hunger in Nordafrika". *Unterrichtswissenschaft, 17,* 327–341.

Levine, J. M., & Moreland, R. L. (1998). Small groups. In D. T. Gilbert, S. T. Fiske, & G. Lindzey (Eds.), *The handbook of social psychology* (Vol. 1, pp. 415–469). Boston: McGraw-Hill.

Lou, Y., Abrami, P. C., Spence, J. C., & Poulsen, C. (1996). Within-class grouping: A meta-analysis. *Review of Educational Research, 66* (4), 423–458.

Mandl, H., & Friedrich, H. F. (Hrsg.). (1992). *Lern- und Denkstrategien.* Göttingen: Hogrefe.

Marsh, H. W., Balla, J. R., & Hau, K. T. (1996). An evaluation of incremental fit indices: A clarification of mathematical and empirical properties. In G. A. Marcoulides & R. E. Schumacker (Eds.), *Advanced structural equation modeling* (pp. 315–353). Mahwah, NJ: Erlbaum.

Mayer, R. E. (1994). Problem solving, teaching and testing for. In T. Husén & T. N. Postlethwaite (Eds.), The international encyclopedia of education (Vol. 8, 2nd ed., pp. 4728–4731). Oxford: Pergamon.

Mayer, R. E., & Wittrock, M. C. (1996). Problem-solving transfer. In D. C. Berliner & R. C. Calfee (Eds.), *Handbook of educational psychology* (pp. 47–62). New York: Simon & Schuster Macmillan.

McArdle, J. J. (1988). Dynamic but structural equation modeling of repeated measures data. In R. B. Catell & J. Nesselroade (Eds.), *Handbook of multivariate experimental psychology* (2nd ed., pp. 561–614). New York: Plenum Press.

McArdle, J. J. (1998). Modeling longitudinal data by latent growth curve methods. In G. A. Marcoulides (Ed.), *Modern methods for business research* (pp. 359–406). Mahwah, NJ: Erlbaum.

McArdle, J. J., & Bell, R. Q. (2000). An introduction to latent growth models for developmental data analysis. In T. D. Little , K. U. Schnabel, & J. Baumert (Eds.), *Modeling longitudinal and multilevel data: Practical issues, applied approaches and specific examples* (pp. 69–107). Mahwah, NJ: Erlbaum.

McCarthy, J. (1956). The inversion of functions defined by Turing machines. In C. E. Shannon & J. McCarthy (Eds.), *Automata studies* (pp. 47–62). London: Prentice University Press.

Meredith, W., & Tisak, J. (1990). Latent curve analysis. *Psychometrika, 55* (1), 107–122.

Mertens, D. (1970). Berufliche Flexibilität und adaptive Ausbildung in einer dynamischen Gesellschaft. In R. Jochimsen & U. Simonis (Hrsg.), *Theorie und Praxis der Infrastrukturpolitik* (S. 73–88). Berlin: Duncker & Humblot (Schriften des Vereins für Socialpolitik 34).

Miller, G. A. (1956). The magical number seven, plus or minus two: Some limits on our capacity for processing information. *Psychological Review, 63,* 81–97.

Mullen, B., & Copper, C. (1994). The relation between group cohesiveness and performance: An integration. *Psychological Bulletin, 115* (2), 210–227.

Müller, B., Funke, J., & Buchner, A. (1994). Diskrete dynamische Systeme: Der Einfluß perzeptueller Strukturierung auf Komposition und Transfer von Wissen über Bedienungssequenzen. *Zeitschrift für Experimentelle und Angewandte Psychologie, 41* (3), 443–472.

Neubrand, M., & Klieme, E. (2002). Mathematische Grundbildung. In J. Baumert, C. Artelt, E. Klieme, M. Neubrand, M. Prenzel, U. Schiefele, W. Schneider, K.-J. Tillmann, & M. Weiß (Hrsg.), *PISA 2000. Die Länder der Bundesrepublik Deutschland im Vergleich* (S. 95–127). Opladen: Leske + Budrich.

OECD – Organisation for Economic Co-operation and Development (Ed.). (1995). *Measuring what students learn*. Paris: OECD.

OECD – Organisation for Economic Co-operation and Development. (1999a). *Classifying educational programmes: Manual for ISCED-97 implementation in OECD countries*. Paris: OECD.

OECD – Organisation for Economic Co-operation and Development (Ed.). (1999b). *Measuring student knowledge and skills: A new framework for assessment*. Paris: OECD [In deutscher Sprache: Deutsches PISA-Konsortium (Hrsg.). (2000). *Schülerleistungen im internationalen Vergleich. Eine neue Rahmenkonzeption für die Erfassung von Wissen und Fähigkeiten*. Berlin: Max-Planck-Institut für Bildungsforschung].

OECD – Organisation for Economic Co-operation and Development. (2001). *Knowledge and skills for life: First results from PISA 2000*. Paris: OECD.

OECD – Organisation for Economic Co-operation and Development. (2003). *The PISA 2003 assessment framework: Mathematics, reading, science and problem solving knowledge and skills*. Paris: OECD.

O'Neil, H. F., Jr., Allred, K., & Baker, E. L. (1997). Review of the workforce readiness theoretical framework. In H. F. O'Neil, Jr. (Ed.), *Workforce readiness: Competencies and assessment* (pp. 3–25). Mahwah, NJ: Erlbaum.

Pedhazur, E. J. (2001). *Multiple regression in behavioral research: Explanation and prediction* (3rd ed.). Fort Worth, TX: Harcourt Brace College.

Polya, G. (1945). *How to solve it*. Princeton, NJ: Princeton University Press.

Prenzel, M., Baumert, J., Blum, W., Lehmann, R., Leutner, D., Neubrand, M., Pekrun, R., Rolff, H.-G., Rost, J., & Schiefele, U. (Hrsg.). (2004a). *PISA 2003. Der Bildungsstand der Jugendlichen in Deutschland. Ergebnisse des zweiten internationalen Vergleichs*. Münster: Waxmann.

Prenzel, M., Drechsel, B., Carstensen, C. H., & Ramm, G. (2004b). PISA 2003 – eine Einführung. In M. Prenzel, J. Baumert, W. Blum, R. Lehmann, D. Leutner, M. Neubrand, R. Pekrun, H.-G. Rolff, J. Rost, & U. Schiefele (Hrsg.), *PISA 2003. Der Bildungsstand der Jugendlichen in Deutschland. Ergebnisse des zweiten internationalen Vergleichs* (S. 13–46). Münster: Waxmann.

Prenzel, M., Carstensen, C. H., Rost, J., & Senkbeil, M. (2002). Naturwissenschaftliche Grundbildung im Ländervergleich. In J. Baumert, C. Artelt, E. Klieme, M. Neubrand, M. Prenzel, U. Schiefele, W. Schneider, K.-J. Tillmann, & M. Weiß (Hrsg.), *PISA 2000. Die Länder der Bundesrepublik Deutschland im Vergleich* (S. 129–158). Opladen: Leske + Budrich.

Prenzel, M., Rost, J., Senkbeil, M., Häußler, P., & Klopp, A. (2001). Naturwissenschaftliche Grundbildung: Testkonzeption und Ergebnisse. In J. Baumert, E. Klieme, M. Neubrand, M. Prenzel, U. Schiefele, W. Schneider, P. Stanat, K.-J. Tillmann, & M. Weiß (Hrsg.), *PISA 2000. Basiskompetenzen von Schülerinnen und Schülern im internationalen Vergleich* (S. 191–248). Opladen: Leske + Budrich.

Raaheim, K. (1988). Intelligence and task novelty. In R. J. Sternberg (Ed.), *Advances in the psychology of human mind* (Vol. 4, pp. 73–97). Hillsdale, NJ: Erlbaum.

Raudenbush, S. W., & Bryk, A. S. (2002). *Hierarchical linear models: Applications and data analysis methods* (2nd ed.). London: Sage.

Raykov, T. (2000). Modeling simultaneously individual and group patterns of ability growth or decline. In T. D. Little , K. U. Schnabel, & J. Baumert (Eds.), *Modeling longitudinal and multilevel data: Practical issues, applied approaches and specific examples* (pp. 127–145). Mahwah, NJ: Erlbaum.

Reeff, J.-P., Zabal, A., & Klieme, E. (2004). ALL problem solving framework. In T. S. Murrey, Y Clermont, & M. Binkley (Eds.), *Measuring adult literacy and life skills: New frameworks for assessment* (pp. 192–226). Ottawa: Statistics Canada.

Reichwald, R., & Möslein, K. (1999). Organisation: Strukturen und Gestaltung. In C. Hoyos & D. Frey (Hrsg.), *Arbeits- und Organisationspsychologie* (S. 29–49). Weinheim: Beltz.

Rose-Krasnor, L. (1997). The nature of social competence: A theoretical review. *Social Development, 6* (1), 111–135.

Rost, J. (1996). *Lehrbuch Testtheorie, Testkonstruktion.* Bern: Huber.

Rost, J. (2004). *Lehrbuch Testtheorie – Testkonstruktion* (2. Aufl.). Bern: Huber.

Rost, J., Carstensen, C. H., Bieber, G., Neubrand, M., & Prenzel, M. (2003). Naturwissenschaftliche Teilkompetenzen im Ländervergleich. In J. Baumert, C. Artelt, E. Klieme, M. Neubrand, M. Prenzel, U. Schiefele, W. Schneider, K.-J. Tillmann, & M. Weiß (Hrsg.), *PISA 2000. Ein differenzierter Blick auf die Länder der Bundesrepublik Deutschland* (S. 109–129). Opladen: Leske + Budrich.

Rychen, D. L., & Salganik, L. H. (Eds.). (2001). *Defining and selecting key competencies.* Göttingen: Hogrefe.

Sayer, A. G., & Willet, J. B. (1998). A cross-domain model for growth in adolescent alcohol expectancies. *Multivariate Behavioral Research, 33* (4), 509–543.

Schreiber, B. (1998). *Selbstreguliertes Lernen.* Münster: Waxmann.

Schuler, H., & Barthelme, D. (1995). Soziale Kompetenz als berufliche Anforderung. In B. Seyfried (Hrsg.), *„Stolperstein" Sozialkompetenz: Was macht es so schwierig, sie zu erfassen, zu fördern und zu beurteilen?* (S. 77–116). Berlin: Bundesinstitut für Berufsbildung.

Servan-Schreiber, E., & Anderson, J. R. (1990). Learning artivical grammars with competitive chunking. *Journal of Experimental Psychology: Learning, Memory, and Cognition, 16,* 592–608.

Seyfried, B. (1995). Team und Teamfähigkeit. In B. Seyfried (Hrsg.), *„Stolperstein" Sozialkompetenz: Was macht es so schwierig, sie zu erfassen, zu fördern und zu beurteilen?* (S. 15–31). Berlin: Bundesinsitut für Berufsbildung.

Shaw, J. D., Duffy, M. K., & Stark, E. M. (2000). Interdependence and preference for group work: Main and congruence effects on the satisfaction and performance of group members. *Journal of Management, 26* (2), 259–279.

Sherer, M., Maddux, J. E., Mercandante, B., Prentice-Dunn, S., Jacobs, B., & Rogers, R. W. (1982). The self-efficacy scale: Construction and validation. *Psychological Reports, 51,* 663–671.

Slavin, R. E. (1996). Research on cooperative learning and achievement: What we know, what we need to know. *Contemporary Educational Psychology, 21,* 43–69.

Snijders, T. A. B., & Bosker, R. (1994). Modeled variance in two-level models. *Sociological Methods & Research, 22*, 342–363.

Stanat, P., & Kunter, M. (2001). Kooperation und Kommunikation. In J. Baumert, E. Klieme, M. Neubrand, M. Prenzel, U. Schiefele, W. Schneider, P. Stanat, K.-J. Tillmann, & M. Weiß (Hrsg.), *PISA 2000. Basiskompetenzen von Schülerinnen und Schülern im internationalen Vergleich* (S. 299–322). Opladen: Leske + Budrich.

Steiner, I. D. (1972). *Group processes and productivity.* New York: Academic Press.

Sternberg, R. J., & Kaufman, J. C. (1998). Human abilities. *Annual Review of Psychology, 49,* 479–502.

Stevens, M. J., & Campion, M. A. (1999). Staffing work teams: Development and validation of a selection test for teamwork settings. *Journal of Management, 25* (2), 207–228.

Süß, H.-M. (1996). *Intelligenz, Wissen und Problemlösen.* Göttingen: Hogrefe.

Süß, H.-M. (1999). Intelligenz und komplexes Problemlösen. Perspektiven für eine Kooperation zwischen differential-psychometrischer und kognitionspsychologischer Forschung. *Psychologische Rundschau, 50,* 220–228.

Trier, U., & Peschar, J. (1995). Cross-curricular competencies: Rationale and strategy for developing a new indicator. In OECD (Ed.), *Measuring what students learn* (pp. 99–109). Paris: OECD.

Vollmeyer, R., & Rheinberg, F. (1998). Motivationale Einflüsse auf Erwerb und Anwendung von Wissen in einem computersimulierten System. *Zeitschrift für Pädagogische Psychologie, 12,* 11–23.

Webb, N. M., & Palincsar, A. S. (1996). Group processes in the classroom. In D. C. Berliner & R. C. Calfee (Eds.), *Handbook of educational psychology* (pp. 841–873). New York: Simon & Schuster Macmillan.

Weldon, E., Jehn, K. A., & Pradhan, P. (1991). Processes that mediate the relationship between a group goal and improved group performance. *Journal of Personality and Social Psychology, 61* (4), 555–569.

Weinert, F. E. (1999). *Konzepte der Kompetenz.* Unveröff. Gutachten zum OECD-Projekt „Definition and selection of competencies", Max-Planck-Institut für psychologische Forschung, München.

Wentzel, K. R. (1993a). Does being good make the grade? Social behavior and academic competence in middle school. *Journal of Educational Psychology, 85* (2), 357–364.

Wentzel, K. R. (1993b). Motivation and achievement in early adolescence: The role of multiple classroom goals. *Journal of Early Adolescence, 13* (1), 4–20.

Wentzel, K. R. (1994). Relations of social goal pursuit to social acceptance, classroom behavior, and perceived social support. *Journal of Educational Psychology, 86* (2), 173–182.

Wentzel, K. R. (1999). Social-motivational processes and interpersonal relationships: Implications for understanding motivation at school. *Journal of Educational Psychology, 91* (1), 76–97.

Wentzel, K. R. (2000). What is it that I'm trying to achieve? Classroom goals from a content perspective. *Contemporary Educational Psychology, 25* (1), 105–115.

Wentzel, K. R., & Erdley, C. A. (1993). Strategies for making friends: Relations to social behavior and peer acceptance in early adolescence. *Developmental Psychology, 29* (5), 819–826.

White, B. Y., Shimoda, T. A., & Frederiksen, J. R. (2000). Facilitating student's inquiry learning and metacognitive development through modifiable software advisers. In S. P. Lajoie (Ed.), *Computers as cognitive tools: No more walls* (Vol. 2, pp. 97–132). Mahwah, NJ: Erlbaum.

Wilke, H., & van Knippenberg, A. (1997). Gruppenleistung. In W. Stroebe, H. Miles, J.-P. Codol, & G. M. Stephenson (Hrsg.), *Sozialpsychologie. Eine Einführung* (S. 455–502). Berlin: Springer-Verlag.

Williams, W. M., & Sternberg, R. J. (1988). Group intelligence: Why some groups are better than others. *Intelligence, 12,* 351–377.

Wirth, J. (2004). *Selbstregulation von Lernprozessen.* Münster: Waxmann.

Wirth, J., & Klieme, J. (2003). Computer-based assessment of problem solving competence. *Assessment in Education: Principles, Policy & Practice, 10,* 329–345.

Wu, M. L., Adams, R. J., & Wilson, M. R. (1998). ConQuest: *Generalized item response modelling software.* Melbourne: Australian Council for Educational Research.

Zimprich, D. (1998). Geschwindigkeit der Informationsverarbeitung und fluide Intelligenz im höheren Erwachsenenalter. Eine Sekundäranalyse des Datenmaterials der Bonner Längsschnittstudie des Alterns anhand von „Latent Growth Curve Models". *Zeitschrift für Gerontologie und Geriatrie, 31,* 89–96.

Abbildungsverzeichnis

Tabellenverzeichnis